珍藏本

纪念版

汉译世界学术名著丛书

劳动组织

〔法〕路易·勃朗 著

何钦 译

商务印书馆
SINCE 1897 The Commercial Press

2017年·北京

M. Louis Blanc
ORGANISATION DE TRAVAIL
Cinquième Edition
Paris
Au Bureau de la Société de l' Industrie Fraternelle
1848
根据法国友谊工业出版公司1848年版译出

汉译世界学术名著丛书
（120年纪念版·珍藏本）
出版说明

2017年2月11日，商务印书馆迎来120岁的生日。120年前，商务印书馆前贤怀揣文化救国的理想，抱持“昌明教育，开启民智”的使命，立足本土，放眼寰宇，以出版为津梁，沟通中西，为中国、为世界提供最富智慧的思想文化成果。无论世事白云苍狗，潮流左右激荡，甚至战火硝烟弥漫，始终践行学术报国之志，无改初心。

逐译世界各国学术名著，即其一端。早在20世纪初年便出版《原富》《天演论》等影响至今的代表性著作，1950年代后更致力于外国哲学和社会科学经典的译介，及至1980年代，辑为“汉译世界学术名著丛书”，汇涓为流，蔚为大观。丛书自1981年开始出版，历时三十余年，迄今已推出七百种，是我国现代出版史上规模最大、最为重要的学术翻译工程。

丛书所选之书，立场观点不囿于一派，学科领域不限于一门，皆为文明开启以来，各时代、各国家、各民族的思想与文化精粹，代表着人类已经到达过的精神境界。丛书系统译介世界学术经典，引领时代思想，为本土原创学术的发展提供丰富的文化滋养，为推动中国现代学术和现代化进程做出了突出的贡献。

为纪念商务印书馆成立120周年，我们整体推出“汉译世界学术名著丛书”120年纪念版的珍藏本，寄望既利于文化积累，又便于研读查考，同时向长期支持丛书出版的译者、编者和读者致以敬意。

两甲子后的今天，商务印书馆又站在了一个新的历史时间节点上。我们不仅要铭记先辈的身影和足迹，更须让我们的步伐充满新的时代精神。这是商务人代代相传的事业，更是与国家和民族的命运始终紧密相连的事业。我们责无旁贷，必须做好我们这代人的传承与创造，让我们的努力和成果不仅凝聚成民族文化的记忆，还能成为后来人可以接续的事业。唯此，才能不负前贤，无愧来者。

商务印书馆编辑部

2017年10月

中译本序言

路易·勃朗(1811—1882)是法国历史学家和小资产阶级空想社会主义者。他生于马德里,当时他的父亲奉拿破仑的命令,正以财政督察官身份出使西班牙。勃朗的家庭可以说是世代相传的保皇党人的家庭,祖父和父亲都是保皇党分子,是革命的死敌。1793年,雅各宾专政时期,他的祖父被革命法庭处死,父亲逃亡。勃朗的童年是在他母亲的家乡科西嘉度过的。随着拿破仑政权的倒台、西班牙革命运动的高涨和父亲官运的告终,勃朗一家曾一度过着穷困的生活。只是在复辟以后,因为得到路易十八发给的抚恤金,勃朗才获得受教育的机会。他先就学于罗得斯大学,后来继续在巴黎求学。为了解决一部分学习和生活费用,他利用课余时间从事抄写、私人教师和家庭教师等工作。

1838 年,勃朗创办了自己的报纸《政治、社会和文学进步评论》。在这以前,他已经给巴黎的民主刊物如《良知》杂志等撰稿。1839 年,勃朗在自己的刊物上陆续发表了他的重要著作《劳动组织》,次年出版了单行本,后来屡次再版,并译成其他各国文字。这本书在工人群众中销行甚广,给勃朗带来很大的声望,但同时却引起资产阶级报刊的攻击。从 1843 年起,勃朗成了小资产阶级的民主刊物——《改革报》编辑部的成员，并先后写了《一八三〇——一八四〇年十年革命史》和《法国革命史》等著作。在这期间，勃朗在工人阶级中所以闻名，是由于他与其他的空想社会主义者不同，主张政治斗争和争取民主国家制度的斗争，提出国家帮助工人并分配工人以生产资料的要求。勃朗阐明自己的立场时写道："倘若需要从事社会改革，也就少不了要推动政治改革。因为，假如社会改革是目的，那么政治改革就是手段。"①二月革命发生时，已经获得政治资本的勃朗，一方面以工人代表的社会主义者身份自居，另一方面却向资产阶级谄媚，他的这种表里不一的行径，使他成为最合乎资产阶级要求的、以工人代表身份出现的、参加临时政府的候选人。参加临时政府后，勃朗将无产阶级的解放事业完全寄托于临时政府，对资产阶级采取无原则的妥协，竭力阻止无产阶级的公开发动，把政治斗争任务置诸脑后。这是勃朗的政治生涯中的一个转变。列宁写道："法国的社会主义者路易·勃朗在1848年革命中是臭名远扬的，因为他从阶级斗争的立场转到了小资产阶级空想的立场，用'社会主义'词句装饰起来，而实际上只是帮助资产阶级加强对无产阶级的影响。"②

为了欺骗工人群众，临时政府组织了研究"工人问题"的委员会，设在卢森堡宫，由路易·勃朗和阿里贝尔两人担任主席。马克思对于这件事曾有评论，他写道："这样，工人阶级的代表就被逐出了临时政府所在的场所，而临时政府的资产阶级部分就把实际的

① 本书第12页。

② 列宁：《路易·勃朗主义》，《列宁全集》，第24卷，人民出版社1957年版第14页。

国家政权和行政枢纽完全保持在自己手中了。在财政部、商业部和公共工程部近旁，在银行和交易所近旁，修建了一个社会主义的礼拜堂，这个礼拜堂的两个祭司长路易·勃朗和阿里贝尔所负的任务就是要发现乐土，宣告新福音，并使巴黎无产阶级有事可做。与任何尘世的国家政权机关不同，他们既没有任何经费预算，也没有任何执行权力。他们必须用自己的额骨去撞碎资产阶级社会的石柱。”[①]在卢森堡委员会里，勃朗实际上在以劳资纠纷仲裁人的身份孜孜不倦地呼吁工人稳健和忍耐，跟资产阶级进行合作。尽管勃朗对资产阶级妥协让步，但他并没有取得它们对他的信任。资产阶级在巩固了自己的政权之后，就把形式上参加临时政府的勃朗一脚踢开了。同年5月，重新组成的资产阶级政府——执行委员会，不仅没有让他参加，而且还指控他参加六月起义(实际上他并未参加)，向他追究起义责任。勃朗不得不离开法国，迁居英国。在英国，他写了一系列的历史著作，其中包括《一八四八年革命史》。在该书中，他不仅没有从迫害中吸取经验教训，相反，仍然为他的妥协策略辩护，继续并发展其过去的错误。1870年他回到法国，翌年，他被选为国民议会议员。3月18日，巴黎公社诞生时，他不仅没有参加这个新型的无产阶级政权的工作，而且和凡尔赛分子沆瀣一气，诬蔑公社为暴动。他和共和派分子兰克、乌利斯·巴兰及“社会主义者”托伦在一起，进行了狂妄的活动，力图以“调和”作幌子解除公社的武装，搞垮公社。当“调和”活动失败时，

① 马克思:《一八四八至一八五〇年的法兰西阶级斗争》,《马克思恩格斯文选》两卷集第一卷,莫斯科中文版,第123—124页。

他逃往凡尔赛。这样，他便由隐蔽而转向公开反对公社，因而他在工人群众中的威信一扫而光。他死于1882年，法国资产阶级政府曾予以国葬。

勃朗写作《劳动组织》，正是在法国工业高涨的年代。根据统计，从1830至1848年，法国工商业中的投资增加百分之五十，蒸汽发动机的数目增加七倍，煤的开采量增加两倍。随着资本主义工业的进一步发展，资本主义竞争进一步尖锐化，资本集中过程加速，中小资产阶级大批破产，广大工人和其他劳动人民的生活更加恶化。工人们每天工作十三至十五小时，然而所得的工资却不能维持他们本人和家庭的最低生活，因此，许多工人不得不忍痛把自己的孩子也送进工厂做工。法国资本主义发展所带来的这一切悲惨的后果给了勃朗极其深刻的印象。

在本书中，勃朗从小资产阶级立场出发，严厉地谴责了资本主义制度下劳动人民的贫困。他写道："谁都知道，贫困把教育局限到可耻的地步，因而使人民的智慧埋没在黑暗里。贫困经常使人们牺牲个人的尊严，而且几乎总是由贫困来决定这种牺牲。贫困使具有独立人格的人降到从属的地位，因此，贫困就在人类的道德中隐藏着一种新的痛苦，并且把人们内心所具有的慷慨心情变为怨恨。"[①]他认为，贫困还使人们失去真正的自由和权利。在资本主义制度下，所谓自由，也仅仅是对于那些拥有享受自由和扩大自由手段的人，即对于拥有土地和金钱的人说的。对于这些人来说，"自由"确实存在。但是，对于那些既没有土地、金钱，又没有文化

① 本书第4页。

的而人数众多的劳动群众来说，则毫无自由可言。这些人只有出卖自己劳动力、妻子和孩子的自由，只有忍饥挨饿、失业和贫困的自由。所谓权利，只不过是用来欺骗劳动人民、掩饰野蛮的资本主义制度的一种冠冕堂皇的辞藻。

勃朗在本书中用了很大的篇幅论证了竞争的危害性。他在批评竞争时写道："对于人民来说，竞争是一种毁灭性的制度。"①在资本主义制度下，由于无产者失去一切生产资料，他们只能以出卖自己的劳动力为生，所以对于他们说来，竞争首先就是拍卖劳动力的竞争。勃朗指出，在这种竞争中，即使那个得胜的工人（即获得工作的工人），他的胜利也仅是暂时的。这种竞争还会进一步加强，其结果必然引起工资的普遍下降，工人生活的进一步贫困化。因此，勃朗得出结论说，竞争是劳动群众贫困的根源。

但是，勃朗认为，竞争不仅对于劳动者有害，而且对资产阶级也是有害的。关于这一点，他写道："对于资产阶级来说，竞争是不断起着使人贫困和破产作用的原因。"②在尔虞我诈、弱肉强食的资本主义社会里，资本家为了排挤和压倒自己的对手，不惜一切地采用"廉价出售"产品的手段，进行竞争。而"廉价出售"对于那些无钱购买新式的昂贵机器的中小制造商来说，"就是宣告他们死刑的裁决"③。所以，勃朗认为，这种竞争手段只"是为了几个工业寡头的利益而毁灭资产阶级的方法"④；"廉价出售"只形成暂时的和

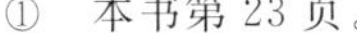

① 本书第23页。

② 同上。

③ 本书第63页。

④ 本书第63页。

虚假的好处。勃朗指出："当斗争还在进行时，'廉价出售'是被维持着的；而当最富有的人战胜他所有的敌手时，价格就立即重新上升。竞争导致垄断……'廉价出售'导致价格的暴涨。这样，在生产者中间曾是战争武器的东西，迟早会成为消费者们贫困的一个原因。"①

在本书中，勃朗还精辟地论证了资本主义社会里产生犯罪的原因，这是他的这部著作中最有价值的一部分。他认为竞争所造成的贫困是引起犯罪的根源。据他看来，犯罪人数的增加和资本主义的发展程度是成正比的。他用统计材料论证了这一点，说明法国四十年代的犯罪人数比三十年代的犯罪人数增加了百分之二十八。从地区来说，城市的犯罪人数比农村的犯罪人数多，工业区的犯罪人数比农业区的犯罪人数多。

此外，他还批判了使用童工、女工的制度；批判了贫困所引起的婴儿死亡率高的现象，等等。

为了消灭贫困，消灭竞争，建立没有剥削的理想社会，勃朗提出了改革社会的方案。在工业方面，他认为"有效而合理的感化制度只有一个，那就是一种健全的劳动组织"②，即社团性质的社会工场。根据这个方案，资产阶级政府可以发行公债，用公债的收入先在国家工业的最重要部门中创办这类工场。起初，由于资金的限制，建场数字要受到严格的控制，并且只能在征集的资金范围内，招募道德上有保证的工人。鉴于政府是社会工场的创办人，所

① 本书第63页。

② 本书第48页。

以工场的规章制度应该由政府制定，并经全国代表大会讨论和表决而具有法律效力。在社会工场成立后的第一年，由政府指定工场的各级管理人员，一年以后，由于工场成员彼此有所了解，而且"他们都关心社团的成功"，所以工场管理人员将由工场的成员选举产生，商量如何分配赢利和扩大自己企业的生产。为了让人们相信，这种制度不会为独裁和暴政大开方便之门，勃朗声明说，这不等于政府干预工场的经济权力，政府的权力仅以上面所说的为限。以后政府的任务只限于监督各工场执行规章制度和所有同类生产中心之间的关系。

工场的利润分做三份：第一份按工场的人数平均分配；第二份用于对老、病、残废者的抚恤以及对于其他蒙受损失的工场的支援；第三份用于为扩大再生产而购置新的生产资料。

随着工场生产的发展，资金的积累，原有的工场将加以扩建，同时并建立新的社会工场，并招收新的工人。在那些大规模经营的社团中，可以招收各种不同职业的工人，生产各种不同的产品，并在围绕一个大的工业而组织起来的各工业部门间形成一个整体的联合企业。在工场内部，每个成员的工资完全平等，个人有权随意处理自己的工资。但是，由于共同生活的需要，从劳动社团中将会产生一些自愿参加的消费社团。

社会工场可以邀请资本家参加，并从预算中支付给他们投资的利息；但是他们只能以工人的身份，即必须参加劳动才能获得工资。

当社会工场在各主要工业部门普遍建立，资金相当雄厚时，勃朗认为，社会工场应该通过竞争和私人工业作斗争，利用自己生产的廉价物品和社会工场这种大型企业所具备的优越条件，逐步地而不是突然地、和平地而不是暴力地兼并私人工业，而最后消灭它们，使社团成为主要的生产形式，从而消灭竞争和贫困。

在建立和扩大社会工场的过程中，国家是社团原则的最高保护者，它将像保护私人资本一样，保护着社团原则不受侵犯。为了不引起资本家的不安，勃朗安慰他们说，社会工场对私人工业的竞争，对资本家将不会是致命的，因为国家将竭力减轻竞争的后果，使社会工场的产品价格不降到最低的水平。

在农业方面，勃朗提出取消旁系继承权的改革方案。根据这个方案，将继承权的财产宣布为公社财产，以便使公社拥有一片不得转让的庄地。因为这种庄地不断得到扩大，所以就能在既不造成痛苦也不发生强夺的情况下导致规模庞大的农业革命。公社将大规模地经营土地，并且按照管理工业的法令进行。

勃朗认为，这样，在实行上述改革的基础上，就可以建立一个没有贫困，没有竞争的社会。在这样一个社会里，既不存在剥削和压迫，也不存在其他一切非正义的行为。社会成员的个人利益和公共利益将是一致的，因为每个成员只有通过公共利益才能获得个人利益的满足。由于每个成员的利益与公共利益休戚相关，所以大家将关心公共物质财富的增加，使生产得到迅速的发展。新的机器的发明和采用将不再成为排挤工人的工具，不再成为富人之间竞争的武器，而成为减轻工人繁重的体力劳动和增加社会物质财富的手段。同时，由于人们摆脱了物质生活的贫困，就可以学习文化，充分地发展自己的智力。

综合上述，勃朗的两个重要论点可以大致归结如下：1）勃朗对资本主义社会的贫困、竞争和犯罪等现象进行了批判，而且在某种意义上可以说批判得非常具体，非常尖锐，包含了一部分真理。在十九世纪四十年代初期，这种批判对于揭露资本主义制度的丑恶，提高无产阶级的思想觉悟，是起了一定的进步作用的。2）与圣西门、傅立叶、欧文等空想社会主义者不同，勃朗在批判资本主义制度时，侧重于批判资本主义竞争以及竞争所带来的危害。这一点对于勃朗说来最为突出，也是他的贡献所在。他指出的竞争导致垄断、竞争使社会两极分化、竞争是资本主义社会崩溃的因素等思想，确是可贵的预见。这些预见为后来七十年代的社会发展所证明。

但是，同时应该看到，在勃朗的空想理论中，尤其是关于无产阶级革命和无产阶级专政的根本性问题，存在着极其严重的错误思想和观点。

首先，应该指出的是他对于资本主义批判的不彻底性。由于勃朗本身所处的阶级地位以及缺乏辩证唯物主义和历史唯物主义的观点，决定了他对于资本主义的批判只能限于表面的现象，而不能找到问题的本质。他在批判资本主义社会的贫困时，没有能够找出产生贫困的真正原因，而只把贫困归咎于资本主义竞争。勃朗对于竞争深恶痛绝，认为竞争是万恶之源；在他看来，只要消灭竞争就可以消灭包括贫困在内的一切社会灾难。勃朗没有进一步探讨竞争的根源，而只是简单地把竞争看成是一部分资本家为压倒另一部分资本家所采取的手段。勃朗批判资本主义的这种不彻底性，是和他的小资产阶级的阶级本性密切联系着的。当时法国资本主义迅速发展，自由竞争激烈，广大小资产阶级纷纷破产，沦为无产者或半无产者。勃朗对于小资产阶级的这种境遇甚为愤慨。因此他不惜采用最辛辣的辞藻批判竞争、谴责竞争，力图挽救小资产阶级的厄运。

在勃朗的空想理论中，表现得颇为突出的是阶级调和和妥协的思想。他在说明劳动群众由于贫困而充满着痛苦的同时，又说什么富人因为生活过分奢侈也充满着苦恼；他在论证竞争是造成无产阶级和其他劳动群众贫困的根源的同时，又说什么竞争也是使资产阶级贫穷和破产的原因；他在谈到压迫对被压迫者不利的同时，又说什么压迫对压迫者也不利，等等。因此，勃朗在批判资本主义社会时，不是揭露这个社会的资产阶级利益和无产阶级利益的根本对立、资产阶级和无产阶级矛盾的不可调和性，从而启发和提高工人阶级的阶级意识，而是竭力证明资本主义制度和全体社会成员的矛盾，抹杀无产阶级和资产阶级之间的矛盾。勃朗从这种调和的立场出发，要求无产阶级和资产阶级联合起来，共同努力，反对竞争，消灭贫困，建立对社会全体成员有利的、以博爱原则为基础的社会。这样，勃朗实际上否认了资产阶级和无产阶级的阶级矛盾的存在，否认了阶级斗争和实行社会主义革命的必要性，而公开主张和宣扬阶级调和。关于这一点，列宁曾经指出："小资产阶级的路易·勃朗之流的任务是：抹杀阶级利益的差别，劝说资产阶级中的某些阶层（大多数是知识分子和议员）同工人成立'协议'，劝说工人同资本家、农民同地主成立'协议'。"[①]

---

① 《伊·格·策烈铁里和阶级斗争》，《列宁全集》第 24 卷，人民出版社 1957 年版，第 296 页。

由于勃朗故意抹杀资本主义社会的阶级矛盾，因而他也就不可能对资产阶级国家的阶级实质作出正确的判断。虽然他明了国家是依靠议院、法院和军队执行权力的，但是他却不承认国家带有阶级性，是一个阶级压迫另一个阶级的工具。他认为“国家是穷人的银行”[①]，政府的任务是给无产者提供劳动工具和购买劳动工具所必须的资金。而国家的领导者应该是由选举产生而主持公道的好心肠人。

勃朗的这些错误思想在他的社会工场方案里得到充分反映。根据这个方案，第一，勃朗像其他空想社会主义者一样，不是把实现社会改革的希望寄托于无产阶级，组织他们，发动他们，使他们成为革命的动力，而是把主要希望寄托于资产阶级政府，乞求它发慈悲心，实现他的社会工场方案；第二，勃朗的所谓革命并不是马克思主义者所主张的无产阶级社会主义革命：在政治上推翻资产阶级的统治，打碎资产阶级的国家机器，建立无产阶级专政；在经济上剥夺资产阶级的私有财产，使它成为社会主义国家的财富，从而消灭资本主义所有制建立社会主义所有制；并进而逐步消灭资产阶级的思想及其影响，树立无产阶级的思想意识。他所主张的实际上只不过是小资产阶级的改良，即在不触犯资本主义制度基础的条件下，实行一些有利于小资产阶级和无产阶级的改革。勃朗写道：“……改革社会而不把它推翻；给各种利益指出各种不同的和可靠的方向；……总之，要给将来作好准备，而不是粗暴地和过去一刀两断……”；第三，勃朗想建立的不是无产阶级专政的社

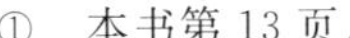

① 本书第13页。

会主义社会，而是他所谓的社会工场。这种工场实际上就是小资产阶级梦想的经过改良的资本主义社会。他幻想在这样的社会里，既可以让资本和资本家继续存在，又可以使工人和小资产阶级群众的生活得到改善；既可以让资本家通过预算得到他应得的利润，又可以使工人不受到剥削，仿佛可以达到狼既吃饱，羊也保全，两全其美的境地。

勃朗的这些错误，就在于他根本不懂得，要消灭剥削和压迫，要使无产阶级和其他劳动群众摆脱贫困和愚昧的处境，得到真正的解放，唯一正确可行的道路就是要进行社会主义革命，彻底消灭资本主义制度，建立社会主义和共产主义制度。针对这一点，列宁写道："小资产者只是讲讲这种好心的、善意的、空洞的大话，实际上却束手无策地跟着资产阶级跑，口头上对无产阶级表示某些'同情'，实际上仍然依靠资产阶级，不能够或者不愿了解，只有粉碎资本主义的枷锁，才能使人类摆脱帝国主义。"[①]因此，勃朗的社团方案和傅立叶的法郎吉、欧文的平行四边形一样，在资本主义存在的条件下，不但永远不能实现，而且反而会使工人阶级对资产阶级及其政府产生幻想，模糊阶级意识，削弱斗争意志，给无产阶级革命事业带来危害。1848 年二月革命的事实证明，即使在工人群众的压力下，临时政府被迫组织起来的国立工场，也没有给工人群众带来任何好处。临时政府却反而利用这种工场分裂了工人阶级的队伍，制造了农民和小资产阶级对工人阶级和社会主义的仇视，致使无产阶级在六月起义时，陷于孤立无援，起义遭到失败。

① 《路易·勃朗主义》，《列宁全集》第 24 卷，人民出版社 1957 年版，第 15 页。

勃朗的这本书是小资产阶级空想社会主义的代表作之一。今天我们应该用马克思列宁主义观点来读它：对其中空想的部分要给予严格批判；对其揭露、批判资本主义的部分，则应视为人类思想发展史上特定历史阶段的可贵思想材料。

陈 森

1962年11月

目　录

序　言

1847 年 7 月

如果人类需要减轻的仅是一些例外的和个别的痛苦，那么举办慈善事业也许就可以解决问题了。但是，人们的痛苦有着既普遍而又深刻的原因；在我们中间，就有成千上万的人为衣、食、住而感到苦恼。

为什么会发生这样的事情呢？为什么在这种被人夸耀的文明的怀抱中，人类的半数会陷入这种悲惨的境地和长期的痛苦中呢？

问题是深刻的，它是严重的。它曾引起一些叛乱使遍地流血而没有使世界得到解放。它曾绞尽了世世代代的思想家的脑汁。它曾耗尽了神圣而伟大的牺牲救世精神。两千年来，多少民族跪在十字架面前，把甘心死在十字架上的基督当作人类的救世主来崇拜。然而，还是有这样多的奴隶！怎么在精神世界中还有这样多的麻风病患者！怎么在可以看到的和感觉得到的世界中还有这样多的不幸者！怎么还有这样盛行的不义行为！怎么还有这样多的胡作非为的暴徒，逍遥法外而没有受到应得的惩罚！救世主已经来临，可是人们什么时候才能得救呢？

不过，不要灰心，因为进步的规律是显明的。如果时间是属于邪恶的话，那么它更多地是属于那打击和摧毁邪恶的、人类良心上

的反抗行为，这种反抗行为的形式虽有变化，其原则却永远不变，它是广大无边的、普遍的、不屈不挠的、战无不胜的。

因此，不应该让问题的严重性把我们吓倒，而是要以战战兢兢和小心谨慎的态度来对待它。一个人去解决这个问题是办不到的；只有大家把力量结合起来，才能加以解决。对作出贡献的人一一加以评定，在整个进步事业中，究竟谁是最优秀的工作者呢？然而，事业在向前迈进，人类的事业以一种不可抗拒的方式在完成着，而每一个研究这个问题的人，即使做错了，也都是为了完成真理的事业而工作。

所以，使自己的智慧注意那些激动人心的事物，把科学给予博爱成为火炬，既运用思考又运用感觉，把精神上的警惕和灵魂的力量结合在同一的、仁爱的努力中，使自己对于各民族的前途和上帝的正义具有足够坚强的信念，以便和邪恶的持久性和它那种永存性的幌子进行斗争……难道还有比这样使用时间和精力更有价值的吗？

劳动组织：这几个字我们已经有四五年没有听到了；然而今天却又响遍了全法国。勒德律-洛兰先生[①]在报道真实情况而又敢于说话的《改革日报》上曾经说过："让我们对于劳动者的命运作一次调查吧！"只此一句，就足以使我们病态的社会大为震动。这就是我们找到的研究的主题。今后将不会有和这个问题同样广泛的主题，而以前也从来不曾有过这样必要的主题。

---

① 亚历山大·奥古斯特·勒德律-洛兰（1807—1874），法国小资产阶级政治家。1848年二月革命后参加临时政府。随着无产阶级积极性的发展，他靠近了资产阶级的反动势力，积极地参加了镇压巴黎无产阶级的1848年六月起义。——译者

与进步为敌的人们或那些怀着怯懦心情而爱好进步的人们，是拿什么来反对我们的呢？他们说，要是在人民还没有掌握主权以前去和人民大谈他们的贫困，也许是冒失而危险的事；他们说，如果给人们以一种唯物的和庸俗的动机来代替那些所谓人类尊严、名誉、光荣、勇于为善的自豪、祖国等伟大的动机，那就会把人民局限在自私自利的追求中。

这样，让人们知道穷人遭受痛苦和遭受多少痛苦，知道不仅穷人自己受苦，而且他那些注定要去从事一种过早的和置人于死地的劳动的孩子也在受苦，他那生育过多而得不到安慰的妻子也在受苦，他那年老的躺在慈善机关的破床上气息奄奄的父亲也在受苦，这时，是否就会使穷人不倾向于追求自私自利的目的呢？同样，饥饿而愤怒的里昂工人的口号是：不是在劳动中生存，就是在斗争中死亡，难道在他们这种令人赞叹而悲痛的口号中带有唯物主义的标志吗！不，不。生存和劳动这两个最高尚的词，联系着人类的整个命运。因此，如果人们要求通过劳动使生存权利得到规定和保证，那么人们这样做，要比和在暴力和危险的压迫下的千百万不幸的人进行争吵更好些：这样，人们能最全面地和最深刻地理解人生的目的；人们在他的工作中感谢造物主。无论在哪里，如果依靠劳动而获得的生活保障不能从社会制度的本质中获得，那么，那里就存在着不正义。但是，如果有人挺身而出，同“不正义”斗争，即使全世界受着“不正义”迫害的只有他一个人，他所做的也不会是自私自利的行为：因为在这个时候，他就体现着一切痛苦、一切原则，而且在他的身上就代表着人类。

为了消灭贫困，劳动组织虽然并不指责唯物主义者的偏见，却

以体会得最深刻的唯心论为依据。谁都知道，贫困把教育局限到可耻的地步，因而使人们的智慧埋没在黑暗里。贫困经常使人们牺牲个人的尊严，而且几乎总是由贫困来决定这种牺牲。贫困使具有独立人格的人降到从属的地位，因此，贫困就在人类的道德中隐藏着一种新的痛苦，并且把人们内心所具有的慷慨心情变为怨恨。如果说贫困产生痛苦，那么贫困同时也产生罪行。如果说贫困使人进入收容所，那么贫困同时也把人带到监狱里去。它造成了许多奴隶；它也造成了大多数的窃贼、杀人犯和卖淫妇。

因此，我们希望把劳动组织起来，好实现消灭贫困的目的。消灭贫困，不仅是为了减轻人民物质上的痛苦，而且尤其是为了使每一个人得到自己应得的尊重，为了不再使过分的痛苦堵塞人们思想上的崇高的志趣和享有正当的自豪感，为了使一切人在教育方面和智慧的泉源里各得其所，为了不再有人受生活转轮的威胁，遭受奴役，为了不再使儿童成为他的家庭的工资补助收入，为了不再有做母亲的由于无法生活而堕胎，为了不再有年轻的姑娘为获得面包而被迫“出卖爱情的美名”！我们渴望把劳动组织起来，为了使人民的灵魂——你明白了吗？我说的是人民的灵魂——不致因事态的残酷而受到抑压和糟蹋。

为什么把上帝愿意在人身上成为绝对不可分离的东西强行分开呢？因为，人生虽然在它的表象上是双重性的，但是，本质上毕竟还是一个。对于我们生命中的两种表象之一加以损害时，就不可能不伤害另外一种。我们的肉体受到打击的时候，我们的灵魂不是也在呻吟吗？当一个乞丐向我伸手求乞时，我就看出他那原有道德的被迫堕落，而当一个奴隶跪在我的脚边发抖时，我也从他的动作中发现他内心的屈辱。

那么,人的生命为什么不在它每一种方式上都受到尊敬呢?难道人类不是由灵魂和肉体的神秘结合才形成的吗?

固然,基督教义曾经诅咒我们的肉体,但这种诅咒仅仅是一种对于异教徒那种粗野的风俗的心要的反应。在异教中,暴力胜过智慧,感官胜过精神,这种胜利曾经是长期而野蛮的。基督教义并没有恢复暴力和智慧之间、感官和精神之间的平衡,它使那种斗争继续下去而使智慧战胜暴力,精神战胜感官。这样,它在和原罪、天使的犯罪、天堂和地狱等教义一起,采取了"善"与"恶"的两个原理相互斗争的古代学说之后,把恶的根源放在"物质"之中。但是,是不是应该把基督教义所含有的相对性的、过渡性的东西和它所有的神圣性的和永恒性的东西混为一谈呢?是不是应该大声疾呼说:痛苦是永远神圣的呢?

痛苦在使徒身上是神圣的。因为他为了传布新的教义,心甘情愿去忍受极难忍受的穷困和无可名言的劳累;痛苦在殉教者身上是神圣的,因为他是基督的热情的、不可征服的士兵;而痛苦在遁世者身上就不是神圣的,因为他忘记为人类服务而去自动充军发配,来抒发他那满足自私自利的呻吟;痛苦在教会的修士身上也不是神圣的,因为他只是热衷于用一种无用的慢性自杀来摧残自己的身体——上帝的不可侵犯的作品!

谁不知道滥用基督教的思想产生了多少祸害呢!不论是在天主教的唯灵主义中,或是在异教徒的唯物主义中,同样存在着一种根深蒂固的压迫根源。利用精神的名义施行残暴,正像为了肉体的利益而施行残暴一样;古代那些暴力神道的祭台上所流的鲜血并不比以后在宗教法庭的刽子手手下流的鲜血更多。异教徒神化了骄奢淫逸而以过度的欢乐来使肉体退化，天主教则极力推崇修行——用过度的痛苦来摧残肉体。异教徒摧残人们的灵魂，以至使人成为奴隶，天主教轻视人类的物质方面，甚至容忍穷人的存在。

但是，如果有人把构成人的两个因素取消一个，这是和事物本质背道而驰的，也是决不可能的。因此，在这方面从来就未曾有过一种绝对的理论。在古代神话中，维纳斯并没有排斥米涅瓦[①]。天主教会谆谆嘱咐人们要克制自己的肉体，同时，它又施展它在世俗的权力，利用冠冕堂皇的仪式，利用塑有降生在马槽里的神的威严形象的巍峨壮丽的大教堂，最后，还利用圣殿上的音乐和馨香来通过感官向人说教。

的确，人们如果为了精神生活而完全牺牲肉体生活，就必然会损害人美的天性。按照进步的理论来讲，如果承认人类永远应当是“灵魂与肉体”之间的某种奇异和可怕的斗争的牺牲品，这是和理性相违背的。这一斗争之所以一直保持到现在，是因为社会还没有找到适合它们的道路。可是，一切虚伪的文明所产生的不幸后果是：它在分配劳动和享乐方面所采用的方法极不公允，因而既妨碍着压迫者也妨碍着被压迫者和谐地运用不论是精神上的或肉体上的机能：在压迫者方面，由于给予他们滥用这些机能的便利，而在被压迫者方面，则由于损害他们这些机能的使用。目前应该弄清楚，我们是否可以相信像这样的不调

① 维纳斯为美和爱的女神，米涅瓦为智慧、学问、战争等的女神。——译者

和的情况终有一天会告结束。为什么在人们身上，协调不能代替对立呢？既然协调是万物的法则，它为什么不能成为个人生活的法则呢？如果我们希望解决这个问题，那就不要把它割裂开来。进步的公式具有双重性：通过一切人的自由协作和他们之间兄弟般的团结，使一切人在精神方面和物质方面进行改善！这是包括在我们祖先五十年前在革命旗帜上所写的"自由、平等、博爱"的豪迈的标语中的。

这是何等奇怪而可悲的协调局面！在我们的时代里，特权阶级沉溺在肉欲的享乐里；在奢侈豪华方面，他们达到了空前的高峰，他们除了享乐没有别的宗教；他们把感官的范围扩大到想入非非的境界；他们认为，怎样使用生命并无意义，而人生的享乐才是一切……当我们为穷人要求确保得到工作、每天的食粮、住所、衣服、爱的权利和希望时，他们却从这幸福的世界内部，从他们玩味着他们自己的哲学的金碧辉煌的寝室深处，要求我们不要为追求实利的唯物主义而呼吁。

有人口头上承认有必要解决社会问题，实际上却认为应该推迟着手研究，认为等到政治革命成功时总来得及处理这些问题，对于这种人，我们是不能理解的。怎么！我们先夺取政权，然后再去了解如何利用这个政权！怎么！还没有确定所要达到的目标，就应该行动！

假如有人认为革命是一时的冲动，那就大错特错了。只有预先定好了确切目标的革命，才不致中途流产。

请看1789年的资产阶级革命吧！当革命爆发时，人人都应该能够定出它的纲领。这一次活生生地从百科全书、即从十八世纪思想的伟大实验室里产生出来的革命，在 1889[①] 年，只需在实际上去占领精神方面早已征服了的阵地。这是非常真实的，所以当时的第三等级[②]竟然觉得可以不用立法者也没有什么不方便的地方。人们到处喊着："给予确定的委任！"为什么呢？这是因为，在每个人的思想中，革命的目的已经完全确定了。人们知道应该做什么；知道是为了什么目的以及用什么方法去做。让我们翻开这一时代著名的文献吧：整个的革命都记载在这里边了；1791 年的宪法，只不过是这些文献的一个忠实的摘要。同时 1789 年的革命是何等坚强地建立起来的，它在社会中扎的根又何等地深入！国民议会[③]的风暴徒然掠过这次革命；帝国[④]徒然以占领到的很多城市和在战场上获得的很多次胜利来使这个革命失色；复辟利用对人们起最重大作用的一切政治迷信和宗教迷信来与这次革命竞胜也是枉费心机；这次革命在国民议会、帝国和复辟的混合废墟上又重新出现了。1830 年的革命是属于这条锁链的，而 1789 年则是这条锁链的头一个环节。资产阶级的统治是在 1789 年开始的；1830 年则是它的继续。

相反地，请您看一看 1793 年的革命吧！它持续了多久呢？它留下来的又是什么呢？可是负责使它取得胜利的那些人曾使用多么大的力量、多么大的胆量和天才啊！从革命高潮到恐怖时期，该

---

① 这里原书上的年代可能有错误，不是 1889 年，而是 1789 年。——译者

② 这是指 1789 年 5 月 5 日开幕的法国三级会议中的那些平民阶级的代表而说的。——译者

③ 是 1792 年 9 月成立的法国革命的最高政权机构。——译者

④ 法国于 1804 年 3 月 18 日实行的第十二年宪法宣布法国是帝国，推举拿破仑为法国皇帝。——译者

有多么巨大的努力、多么令人可惊的活动、多少精力投到这次行动中去啊！为了服务于新的学说，曾使用了多少旧的工具，从将军的宝剑到行刑员的铡刀！但是，这次革命的纲领是国民议会的成员以问答方式所制定的，这次革命的目的并不是事先早已确定了的。罗伯斯庇尔[①]和圣-茹斯特[②]的任何一种大胆提出来的学说事先在国内都没有充分地酝酿过。让-雅克·卢梭[③]虽曾发表了他的《社会契约论》，但是，这个伟人的呼声大半消失在被资产阶级政论家们所充塞的十八世纪的喧噪嚣声之中。所以就必须创造一个崭新的世界，必须在几天内就创造出来！必须在空前高涨的反抗和愤怒的情况下创造出来。必须仓促应付并向热情去求得信念还不能提供的支持。必须使以往的工作所未能说服的那些人惊奇、振奋、陶醉和驯服。由此就产生了无数的困难，造成了可怕的和血腥的错误，而兄弟般的联系则突然被刽子手所破坏；由此就产生了史无前例的斗争，这些斗争使人头相继地落在同一个不幸的断头台盘里，丹敦[④]的头继韦尼奥[⑤]的头而落入，罗伯斯庇尔的头落在丹敦

① 马克西米利安·罗伯斯庇尔(1758—1794)，十八世纪末法国资产阶级革命的杰出活动家，雅各宾派专政(1793 年 6 月—1794 年 7 月)的革命政府首脑，后被判处死刑。——译者

② 路易·安都昂·圣-茹斯特(1767—1794)，十八世纪末叶法国资产阶级革命的卓越活动家，雅各宾派的领导人之一，罗伯斯庇尔的朋友和拥护者。——译者

③ 让-雅克·卢梭(1712—1778)，法国哲学家和作家，《社会契约论》的作者，他的思想对于法国的大革命起了很大的作用。——译者

④ 乔治-雅克·丹敦(1759—1794)，十八世纪末叶法国资产阶级革命的著名活动家，也是雅各宾党党魁之一，他和一部分丹敦分子于 1794 年 4 月 5 日被革命法庭判处死刑。——译者

⑤ 比埃尔-维克多里恩·韦尼奥(1753—1793)，法国政治家。他和吉伦特党人一起被捕，死于断头台上。——译者

的头上。

让我们记住这个充满着教训的时代吧！我们永远不可忽视“方法”和“目的”；我们不但不该避免对各种社会学说的讨论，而且要尽可能引起我们所有的争论，以便我们一旦有了力量，不至于张皇失措，而知道如何来领导这个力量。

但是，人们会说出很多的错误思想，会宣扬很多的幻想！这有什么可以说的呢？难道人们可以一下子就得到真理吗？当他们沉浸在黑暗中时，为了到达光明之境，他们不得不在黑暗中摸索前进，难道因而就应该禁止他们去寻求光明吗？你们准知道人类在你们所说的那些幻想中不会得到任何益处吗？你们准知道今天的幻想十年后不会成为真理吗？你们准知道为了十年后实现那个真理，今天就不必来尝试这种幻想吗？无论哪种学说，政治学说也好，宗教学说或社会学说也好，在它初产生的时候，总是反对者多于拥护者的，正如，只有在牺牲了很多人以后才能征募到几个勇士那样。所有那些有力地支配过人们的思想，在没有被认为是明智的从前，不是都被认为是狂妄的吗？

> 一个新的世界是谁发现的？
> 一个到处受人嘲笑的疯子。
> 在浸湿了他的鲜血的十字架上，
> 一个死去的疯子却给我们留下了一位真神。

我们不要盲目地接受那些轻浮的思想家的意见，把它们当作那么多的预言来对待；我们要慢慢地、谨慎地、甚至抱着不信任的态度去寻求真理，没有比这样做更好的了。但是我们为什么要把大胆的思想家摒弃在大门之外呢？一支在陌生地区进军的军队，需要有侦察的先头部队，尽管他们中间有些人会迷失道路，但仍然是需要他们的。啊！大胆的思想在今天并不很多，人们大可不必把生动的智慧冻结起来，使勇气遭受挫折。

那么你们担心些什么呢？担心人们把关于无产阶级的地位以及关于改善这种地位的方法的一些错误观念灌输给别人吗？如果这些观念是错误的，那么经过讨论，错误就会消失，像风吹走掺杂在谷粒中的草屑一样。

你们还担心些什么呢？担心某些大胆解决社会问题的办法会扰乱人心，妨碍政治改革的成功吗？但首先要问，难道普选问题和人民的真正主权问题，在法国不使任何人害怕吗？不以有力的论证指出这种恐惧心理的幼稚和毫无根据，还想在那里做些什么事呢？啊！在各党派中最使人害怕的并不是人们所说的东西，而是人们所不说和不肯说出的东西。未知的事物？这就是使人，尤其是使懦弱的人感到害怕的。假使民主党采取科学方法把迷失方向的工业从可怕的混乱中拯救出来，难道会有人控告他们推行工业暴动吗？当民主党证明资本的不断集中有可能使资产阶级受到工人阶级所忍受的同样的压迫时，是否有人会以资产阶级的那种盲目的反感来反对民主党呢？

让我们再补充说明，为了使政治改革运动在人民中间获得许多拥护者，那就必须向人民指出改善他们的精神生活或物质生活条件和变更政权之间的关系。在各个时代里，这就是人民的真正的朋友或是那些替人民复仇的人所曾做过的事情。这就是从前在罗马的那些人所曾做过的事情，这些人看到被残酷地迫害的可怜的债务人而动了恻隐之心，他们就把大多数人带到阿温庭山上去。[①] 不朽的蒂伯里尤斯·格拉古斯[②]就是这样做的，当时，他是对罗马贵族的掠夺的有力揭发者，他对着那些面色苍白的世界的征服者喊道："人们称你们是全世界的主人，可是你们却没有一块可以用来枕头的石块。"渔夫马萨尼埃洛[③]在1647年也这样做了，他在因西班牙总督的穷奢极欲而陷于饥饿的那坡利城中喊道："拒绝交纳盐税！"最后，在五十年前，一些狂热的哲学家——勇敢的思想战士——也这样做过，他们只是因为出生过早而在执行任务中牺牲了。谁想来领导人民，人民就有权询问他要把他们引导到何处去。过去已经发生得太多的是，人民只为几句话而骚动，在黑暗中进行战斗，在受人嘲笑的忠诚中耗尽了自己的力量，并轻率地流出热血为野心家铺平道路，这些野心家头一天晚上还是民主主义的宣传家，第二天就变成压迫者了！

但是，倘若需要从事社会改革，也就少不了要推动政治改革。因为，假如社会改革是目的，那么政治改革就是手段。单纯发现通过运用社团的原则以及按照理智、正义和人道主义的法则来组织劳动的科学方法，那是不够的；还应该准备怎样实现所采用的原

① 古罗马所在的七大丘陵之一。古罗马平民与贵族坚持斗争时，曾退守该地。——译者

② 蒂伯里尤斯·格拉古斯（公元前163—前133），古罗马的政治家，奴隶制时代民主政治的代表人物。——译者

③ 马萨尼埃洛（1623—1647），意大利渔夫，1647年那坡利人民起义的领袖，主要反对西班牙统治。他被起义者拥为那坡利的执政者，组织了人民军。后来被西班牙总督所派遣的凶手刺死。——译者

则，并通过研究使方法丰富多彩。要知道，政权就是组织起来的力量。政权依靠议院、法院、军队；也就是说，依靠法律、裁判和刺刀的三重权力。不夺取政权作为工具，那就会遭受它的阻碍。

况且，解放无产阶级是一种极其复杂的工作，它牵涉很多问题；它打破许多习惯；它不在实际上而在表面上反对很多利益，因此，如果认为它可以通过一系列的局部努力和孤立的尝试获得成功，那是妄想。它必须运用国家的全部力量。无产阶级为了解放自己，所缺少的就是劳动工具。政府的任务就是给他们提供劳动工具。如果要按照我们的想法来给国家下个定义，我们的回答是：国家是穷人的银行。

现在，难道我们的思想真像德·拉马尔丁[①]先生在最近的宣言中敢于肯定的那样，“就是以国家的名义取得工业和劳动的所有权和主权；就是取缔公民之间的一切占有、出售、购买、消费的自由活动；就是去武断地制造或分配产品；就是规定最高限价；就是规定工资；就是在一切方面把工业和财产所有者的国家来代替被剥夺了财产的公民”吗？

我们从来也没有提倡过这类事情！如果德·拉马尔丁先生是针对我们而驳斥的，那么他可能没有赏光阅读过我们所写的东西。如同下面大家会看到的那样，我们向国家——当国家是以民主方式组织起来的时候——要求建立社会工场，这些工场将逐渐地而不是突然地代替私人工场；我们要求社会工场由实现社团原则并

① 阿尔芳斯·德·拉马尔丁（1790—1869），法国诗人、历史学家和政治活动家。——译者

具有法律形式和强制力的章程来加以管理。但是，社会工场一旦建立起来并开始活动时，它本身就足以给自己解决问题，并只从属于它自己的原则了。社团的工人，在第一年后，可以自由地选举自己的管理人员和领导；他们彼此商量如何分配赢利；他们专心致力于扩大已经开办的企业……试问人们从什么地方看得出这种制度会给独裁和暴政大开方便之门呢？国家创办社会工场，给它制定条例，监督条例的执行，凡此种种都是以大家的名义为大家的利益服务的；但是国家的任务也就以此为限。难道这样的任务能够算是暴政吗？今天，当政府因盗贼侵入一所房屋而加以逮捕时，能因此就谴责政府是实行暴政吗？难道能谴责政府侵犯了个人生活的范围，干涉了家庭内部的事情吗？好吧！在我们所主张的制度中，国家对社会工场所做的不过就是它今天对全社会所做的事情。它维护社会工场的规章不受侵犯，正如它今天维护法律不受侵犯一样。国家是社团原则的最高保护者，它不能随意并吞加入社团的工人的股份，正像它今天是私有制原则的最高保护者，并不没收财产所有人的股份一样。

但是，从首倡精神来说，我们岂不是让国家干预了社会的经济改革吗？我们的公开目的不就是为了消除竞争，把工业从放任主义和不干涉主义下解放出来吗？这是毫无疑问的；我们不但不避讳，我们还高声宣布这个观点。为什么？因为我们渴望自由。

是的，自由！这就是我们应该争取的东西；但必须是真正的自由，所有的人都能享受的自由，这种自由在没有它不朽的姐妹——平等和博爱的地方，是怎么也找不到的。

如果我们问，为什么野蛮情况下的自由被认为是假的和遭到破坏了的自由，那么，任何一个孩子都会以应有的回答来答复我们。野蛮情况下的自由事实上只是一种无情的压迫，因为它是同力量的不平等混在一起的，因为它使弱者成为强者的牺牲品，使虚弱的人成为敏捷的人的战利品。但是，在目前的社会制度中，我们所看到的是发展的手段方面的不平等，而不是体力上的不平等；是资本与资本的斗争而不是肉搏；是特有的优势的滥用，而不是体力上的优势的滥用；是无知的人而不是软弱的人，是穷人而不是虚弱的人。所以，哪里还有自由呢？

对于那些拥有享受自由和扩大自由的手段的人来说，对于那些拥有土地、金钱、信贷和因为受过智力的训练而足智多谋的人来说，自由肯定是存在的，甚至是容易滥用自由的；但是，对于那个既没有土地、金钱、信贷又没有文化的人数众多而又令人注意的阶级，也就是说，对于那些毫无办法可以自给、毫无办法可以发展个人特长的人来说，难道也是这样的吗？当社会是这样分成两部分，一方面拥有巨大的力量，另一方面是极端无能为力的时候，人们就在社会中间展开了竞争，这就是富人与穷人、狡猾的投机者与天真的劳动者、手头宽裕的银行家的主顾与受着高利贷者的压迫的奴隶、从头到脚全副武装的大力士与手无寸铁的战士、行动灵活的人与四肢瘫痪的人进行交锋的竞争！这种强者和弱者的乱糟糟的持久的冲突，这种从事压迫的无政府状态，这种无形的事实上的暴政，在残酷程度上是那些明显的、可以捉摸的、以表面上仁慈的面目出现的暴政所永远赶不上的。……这就是人们竟敢把它叫做自由的东西！

一个穷人家的孩子，由于饥饿逼人，不得不走出学校把自己的

灵魂和肉体出卖给附近的纺织厂，以便使父亲的收入多加几文钱：试问这样的孩子在知识方面还有受到培育的自由吗？

如果讨论劳动条件的辩论继续下去，工人就得饿死，试问他还有讨论劳动条件的自由吗？

处在竞争的这种混乱状态中，工人不得不眼看到支配着他的不是他自己的远见和智慧，而是竞争所自然而然地孕育出来的每一种混乱局面：未来的破产、订货的取消、发明的机器、工厂的倒闭、工业恐慌和失业。在这种情况下，难道他还有什么机会可以避开厄运吗？

失业的按日计工的工人既然没有住所，他还有不睡在街头的自由吗？

刚刚失掉工作的穷人家的女儿，只有在卖淫和挨饿之间选择自己的出路，试问她还有保持贞操和纯洁的自由吗？

有人说过，在我们今天，再没有比成功更大的成就了。这是真实的，并且这就足以去谴责这句名言所说明的社会秩序了。因为一切关于正义和人道的概念都是颠倒了的，在这里，越不需要财富的人越容易发财，越贫困的人就越难避免穷困。你是由于出生的偶然性而注定毫无所有的吗？那你就得劳动、受苦、死去。穷人是借不到债的，而且放任主义的学说使穷人注定是要被人遗弃的。你是生在富豪之家的吗？那你就可以过好日子，可以过寻欢作乐的生活，可以睡大觉：你的钱在替你挣钱。再没有比成功更大的成就了！

但是穷人不是有权利改善他的地位吗？如果他没有权力，那又该怎么样呢？有要求被治好的权利，对于一个无法治愈的病人来说，有什么用呢？

抽象地设想的权利是1789年以来对受欺人民的一种幻景。权利成为抽象的和不发生作用的保障，这种保障代替了应该给予人民的那种发生作用的保障。在宪章中冠冕堂皇地和空泛地在法令里宣布了的权利，只是用来掩饰采用个人主义制度所造成的一切非正义的东西以及把穷人抛弃不顾这一事实所具有的一切野蛮性。就是因为人们用权利这个词来界说自由，所以就把饥饿的奴隶、寒冷的奴隶、愚昧无知的奴隶和生活无保障的奴隶叫做自由人。所以让我们斩钉截铁地说：自由不仅是所赋予的权利，而且包含在赋予人们在正义的统辖和法律的保护之下去运用并发展个人才能的权力中。

人们应该注意的是，这并不是一种无意义的区别。这个区别的意义是深远的，它的后果是巨大的。因为，只要承认，为了使人真正自由，必须给他运用和发展个人才能的权力，其结果是社会自然就应当使它的每一个成员都受到教育，因为没有教育，人类的智慧就不能发展；同时社会也应该使它的每一个成员都得到劳动工具，因为没有工具，人类的活动就不能充分发挥。但是，如果社会不通过国家来给它的每一个成员以适当的教育和必要的劳动工具，那么要通过谁的手来给呢？所以我们是以自由的名义并为了自由的好处才要求恢复法权的原则的。我们要求有一个强有力的政府，因为我们还无聊地生活在不平等的制度下，在这种制度下还有一些弱者需要社会的力量来保护他们。我们愿意有一个干预工业的政府，因为除了把贷款借给富人以外，应该有一个借钱给穷人的社会银行家。一句话，我们所以求助于权力的观念，那是因为有前途的自由应该成为一个事实。

此外,大家千万不要弄错:政府干预的必要性是相对的;这种必要性完全是从过去的暴政使人民所处的那种软弱、贫困、无知的状态而来的。倘若有一天我们内心的最美好的希望没有落空,那么不再需要强有力的和积极的政府的那一天就会到来,因为那时社会上再没有低级的和弱小的阶级了。在那个时候以前,建立一种监护的权力机关还是必要的。只有通过政治的培育,社会主义才能发展壮大起来。

啊,富人们!如果有人煽动你们起来反对那些为了平静地、和平地解决社会问题而彻夜焦虑的人们,那是人家在欺骗你们。是的,穷人们的这个神圣事业就是你们的事业。一种以天意为根源的休戚与共的关系通过恐惧把你们和他们的贫穷联结起来,并且通过你们本身的利益,把你们和穷人们未来的解放联系在一起。只有他们的解放才能给你们打开你们至今还不知道的安享欢乐的宝库;而博爱的精神力量又如此巨大,以至他们痛苦的减少就必然会增加你们的快乐。有人对你们说:“当心啊,当心无产者起来进行反对有产者的战争!”啊!倘若这种邪恶的战争确实是可怕的,天呀!那么对于孕育这种战争的社会秩序又应当怎样设想呢?可怜的诡辩家们!他们并没有发现,他们所结结巴巴地辩护的制度,既然有它值得他们担心的缺点,将是一去而不复返的!否则该是怎样呢!那些一无所有的人将蒙受那样过分的痛苦,心里蕴藏着这么大的仇恨,而且,在社会的深处,存在着一种这样强烈的反抗情绪,以致一说出博爱——基督所说的——这个词,就会被认为是一种严重的冒失行为而成为某种新暴动的信号!不,放心吧。只

有在不准许言论自由的地方才需要害怕暴力。没有比通过讨论更能保障秩序了。感谢上天，今天人民了解到，即使愤怒有时可以惩罚罪恶，它却不会产生好事的；人民也了解到，盲目而粗暴的急躁只能导致破坏的废墟，而正义和博爱的思想种子则将被淹没在这些废墟之下。问题不在于使财富更换主人，而是在于使它丰富，成为普遍所有。问题是要毫无例外地为了全人类的幸福来提高人类的生活水平。

第一篇

I

路易十一在没有几天好活的时候，突然感到一种无限的恐怖。他的侍臣们在他面前再也不敢说出可怕而又不可避免的“死”这个字了。至于他本人，似乎只要不提到死亡的临近就能够逃避死亡似的，他可怜地强行使他那黯然无光的眼神中闪耀出假装欢乐的亮光来。他设法隐藏他那憔悴的脸色。他走路时尽量不东摇西晃。他向他的御医说：“喂，你看，真的！我的身体从来没有这样好！”

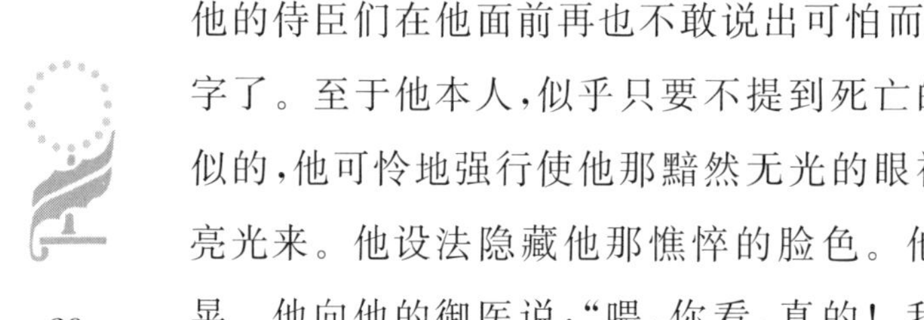

今天的社会也是这样。它感觉到死亡，却否认自己的没落。由于它被那些关于它的财富的谎言和行将消失的外表强大的夸耀所蒙蔽，它就幼稚地相信自己的力量，而且即使陷入了极度困难，它还在自我夸耀！近代文明社会的那些特权人物好像这个斯巴达的儿童那样，他把狐狸藏在袍子下面，当狐狸咬他的肚肠时，他还在嬉笑①。这些特权人物也装出一副笑脸，强作欢乐。但是内心怔忡不安，焦虑不定。他们的狂欢节日笼罩着革命的阴影。

---

① 希腊的传说，有一个斯巴达男孩偷了一只狐狸，教师来了，他把狐狸藏在衣服里。狐狸咬啮他，他坚坐不动，终被咬死。——译者

贫困虽然只是在远离他们居住的地方打了几下轻微的和不喧闹的警钟,穷人虽然在他们寻欢的场所躲开;可是他们对于自己所怀疑的或所猜测的东西感到烦恼。如果人民毫无举动,他们就苦恼地担心那个随后将要来到的时刻。当叛乱的消息消沉时,他们就竖起耳朵倾听阴谋的消息。

我要问,谁真正关心想保持像现今所存在的社会秩序呢?谁也不想。是的,谁也不想。就我来说,我自己相信有缺点的文明所造成的那些痛苦,正以各种不同的形式遍及整个社会。试深入了解富人的生活,它是充满着苦恼的。这是为什么呢?是他没有健康的身体、没有青春、没有谄媚奉承他的人吗?是他不相信他自己有朋友吗?但是他乐极生悲,这就是他的痛苦;他已穷奢极欲,这就是他的不幸。在丰衣足食中的无能为力,这就是富人的贫乏,没有希望的贫乏!在那些我们把他们叫做幸福的人当中,该有多少人是由于需要刺激而进行决斗的啊!该有多少人不辞疲劳、冒着打猎的危险来逃避他们闲居无事的苦楚啊!有多少人的感觉已成病态,慢慢地在一些神秘的创伤中死去,而在一般的疾病情况之下,就在表面的幸福怀抱中,也会逐渐地折磨不起啊!除了那些把生命当作苦果而把它抛弃了的人们以外,这里是一些把生命当作干瘪了的橘子而把它扔掉的人们:哪一种社会的紊乱能不暴露这种广大的精神上的错乱啊!生活享受的不平等所造成的这种以痛苦的平等为结局的情况,给予自私、骄傲和一切残暴多么严厉的教训啊!

其次,每有一个因饥饿而面色苍白的穷人,就有一个因恐惧而吓得面色苍白的富人。瓦尔都小姐向拯救了她的一位老乞丐

说:“我不知道我的父亲打算对我们的恩人做些什么,但是,可以肯定的是,他将使您的晚年不再感到经济拮据。在还没有这样办以前,请您接受这点小东西吧!”乞丐回答说:“您这样做,是叫我不知在哪一天夜里,我从这个村庄到那个村庄去的时候,遭到抢劫和杀害,要不然就是使我为此而担心害怕,这也不见得好些!唉!要是人家看见我兑换一张钞票,以后谁还那么糊涂,肯向我施舍呢?”

令人惊叹的对话!瓦尔特·史谷脱[①]在这里已经不是一位小说家了:这是一位哲学家,这是一位政论家。我们知道有一个比瞎子更为不幸的人,这个瞎子在那里向人乞钱,听到他求乞得到的小钱在他的小狗面前的钵中发出响声,而更不幸的就是一位有势力的国王,他因为自己儿子的年俸遭到驳回而唉声叹气。

但是在哲学概念方面是真实的东西,难道在经济概念方面就不真实吗?啊!感谢上帝,对于社会来说,既没有部分的进步,也没有部分的堕落。整个社会上升,或者整个社会衰落。正义的法则被人们了解得更好些,岂不就会使各个阶层都因此而得到利益吗?正义的观念在人们脑中变得模糊不清,岂不是每个阶层都会因此而感到痛苦吗?在一个国家中,如果有一个阶级受压迫,这就好像一个腿部受了伤的人,受伤的腿必将妨碍那只健康的腿的一切动作。这样,尽管这一说法显得有些奇怪,但是如果消灭压迫,则压迫者和被压迫者双方都可以获得利益;如果维持压迫,则对压

① 瓦尔特·史谷脱(1771—1832),英国杰出的小说家和诗人。生于苏格兰。他的长篇小说真实地描写了过去时代的历史事件、日常生活和习俗。他的著作对欧洲历史长篇小说的发展产生了巨大的影响。——译者

迫者和被压迫者双方同样不利。人们愿意得到一个更明显的证明吗？资产阶级在无限制的竞争——残暴的根源——上建立了他们的统治。好吧！我们今天见到资产阶级正因为这种无限制的竞争而灭亡。你也许要说，我有两百万法郎，我的对手只有一百万，在工业的竞争场上，我用降低物价的武器，稳稳地可以使他破产。好一个卑劣而愚笨的人！难道你不明白明天就要有某个冷酷无情的罗特希尔德①用你自己的武器武装起来来对付你，使你破产吗？试问你将有什么颜面埋怨他呢？在这种每天进行着斗争的可诅咒的制度中，中等工业已经并吞了小工业。“皮洛士②式的胜利”！因为这次也轮到中等工业被大工业所并吞，而大工业本身由于被迫要到世界的尽头去追逐那陌生的消费者，不久就将成为一种冒险的赌博，这种赌博和其他的一切冒险的赌博一样，对于一些人结果是诈欺，而对于另外的一些人则将是自杀。暴虐不仅是令人厌恶的，而且还是盲目的。没有心肠的地方不会有智慧。

所以我们证明：

1. 对于人民来说，竞争是一种毁灭性的制度；

2. 对于资产阶级来说，竞争是不断起着使人贫困和破产作用的原因。

这种证明一经成立，就将清楚地得出这样结论，就是一切利益

① 麦耶·安塞尔姆·罗特希尔德(1743—1812)，德籍犹太银行家，他是财政寡头族系，罗特希尔德家族的始祖。这个家族在许多资本主义国家里控制了许多工业企业、铁路、保险公司。——译者

② 皮洛士(公元前319—前272)，伊比鲁斯国王。反对罗马……在阿斯居陆姆的战役中他虽然获胜，但损失极重，耗尽了全部力量。“皮洛士式的胜利”被用来说明得不偿失。——译者

都是互相有连带关系的，并且，社会的一次改革将无例外地成为全体社会成员的一种得救的方法。

II　对于人民来说，竞争是一种毁灭性的制度

穷人是社会的成员呢，还是社会的敌人？请答复吧！

他发现在他周围所有的土地都被人占据了。

他能够为自己的利益而播种土地吗？不能，因为优先占有权已变成所有权了。

他能摘取人行道上由上帝的手使它们成熟的果实吗？不能，因为果实和土地一样，也被人所占有了。

他能够打猎或捕鱼吗？不能，因为这已成为须经政府批准的一种权利了。

他能够从田地里的水源中汲水吗？不能，因为田地的所有人根据附带权利就是水源的所有人。

当他由于饥渴而奄奄一息时，能够伸手向他的同类乞怜吗？不能，因为有禁止行乞的法令。

当他累得筋疲力尽而没有地方休息时，他能够睡在街道上吗？不能，因为有取缔流浪者的法令。

他能够逃出这个使他到处碰壁、使他无法生存的祖国，远离他生身之地而到异乡去谋生吗？不能，因为只能在某些条件下才能准许迁移，而这些条件是他所不可能具备的。

那么，这个不幸的人该怎么办呢？他将对你说："我有胳膊，我有智慧，我有力量，我还有青春；你可以把这一切都拿去，作为交换，请你给我一点面包吧！"这就是今天无产者所做的和所说的。但是甚至在这里你还可以向穷人回答说："我没有工作给你做。"那么，你要他去做什么呢？

这种情况的后果极其简单。你得保证穷人得到工作。对于正义来说，你做得还是不多，而且，离博爱精神还很远；但是，至少，你不是就可以防止可怕的危险并阻止叛乱了吗？人们对这件事情有没有好好地想过呢？一个要求为社会服务而生活下去的人，在被迫冒着生命的危险去攻击这个社会时，从表面看来是犯着侵犯的行为，但实际上是处于正当防卫的地位，而对他打击的社会，并不是对他进行审判而只是在暗杀他。

因此，问题是这样：竞争是不是一种保证穷人得到工作的方法呢？但是把问题这样提出来，就等于把它解决了。对于劳动者来说，竞争究竟是什么呢？这就是拍卖劳动。一个企业主需要雇用一个工人：前来的则有三个——你的劳动要多少钱？——三个法郎：因为我有一个妻子和许多孩子。——好。你呢？——两个半法郎：因为我没有孩子，我只有一个妻子。——好极了。你呢？——我只要两个法郎就够了：因为我是独身汉。——那么我就优先雇用你吧。这就完了，交易已经讲妥了。然而那两个被排挤的无产者将有什么遭遇呢？他们只好让自己饿死，人们只能希望他们这样。但是，如果他们去偷东西呢？那你一点也不用害怕，因为我们有警察。如果他们进行谋杀呢？那么我们有刽子手。至于说到三个人中最幸运的那一个，他的胜利也仅是暂时的。如果来了第四个劳动者，强壮得足以每两天中可以挨饿一天，跌价就要跌到无可再跌的地步，于是就造成新的流浪者，或许又给监狱制造一个新犯人！

人们是不是将要说，这些惨痛的结果说得过分夸大了，并且无论在何种情况之下，只有当工作的职位不够分配给要求得到工作的人的时候才有可能产生上述那些惨痛的结果呢？我也要问一下，是不是竞争本身恰巧具有一种因素，可以防止这种害人的不平衡呢？如果某种工业劳动力不足，那么谁又能向我保证，在这个由于世界性的竞争而产生的巨大混乱中，其他某种工业不发生容纳不下劳动力的情况呢？可是，在三千四百万人中，只要有二十个人被迫去靠偷盗为生，这就足以对这竞争的原理作出谴责了。

可是，还有谁会这样盲目，甚至一点也看不到，在无限制的竞争的影响下，工资的不断下降已成为一种必然是普遍的事实，而丝毫没有例外呢？是不是人口有它不能逾越的界限呢？我们是不是可以向被个人自私自利的偏见所掌握的工业说，向这个发生过很多沉船事件的大海似的工业说，“你不要太过分了”呢？人口不断地在增加：那么，你该命令穷人的母亲变成不能生育的，你也该诅咒那使她怀孕的上帝；因为你不这样做，对于战斗员来说，练兵场很快就将过于狭窄了。发明了一部机器，你该命令人们把它砸毁，你也该诅咒科学；因为，如果你不这样做，被新机器从工厂中逐出去的成千上万的工人就要去敲邻近工厂的大门，并使他们的伙伴的工资降低。工资经常地下降，结果是淘汰了一定数目的工人，那就是无限制的竞争的不可避免的后果。因此，竞争仅是工业上的手段，而这种手段却迫使无产者互相歼灭。

此外，为了使严格的思想家不致责备我们过于渲染，下面我们是用数字来表现巴黎工人阶级的情况。

人们从这里可以看出，有一些妇女，每天所得不超过75生丁，而且在一年之内，仅有九个月有工作，这就是说，有三个月她们毫无所得，如果人们愿意把她们的工资按全年平均计算，那么每天大约只有57生丁了①。

妇女劳动力

职业名称	每日工资		淡季	备注
	法郎	生丁	月数	
洗衣工	2	0	4	工作场所不卫生
绣鞋工	0	75	3	
装订工	1	50	3	
各种刺绣工	1	50	4—5	
金属打磨工	2	25	5	
瓷器打磨工	1	75	5	
纸牌制作工	1	50	3	
纸板制作工	1	50	3	
制帽工	1	25	4	
蜡烛制造工	1	25	4—5	
织袜工	1	0	0	
涂色工	1	25	4—5	每日工作13小时
草帽编织工	2	0	6	
缝衣工	1	50	4	
缝被工	1	25	4	每日工作14小时

① 表里资料是我们用极其慎重的态度搜集起来的，谁也不能责备这些资料有夸大之处，资料是由设在巴黎的830所工场的职工中的1 500多名男女工人那里获得的。当然：在每种行业中，我们都采取了所得到的数字的平均数。

续表

面纱裁切工	1	25	5	
木制品涂金工	1	50	5	
往书中插入图画的女工	1	25	5	
纽扣制造工	1	25	4	
花匠	1	75	5	
窗饰穗子制作工	0	75	3	
缝制手套工	1	25	4	
上衣与裤子裁缝工	1	50	4	
为商店制作衬衣女工	1	0	0	
女用帽子装饰品制作工	2	0	4	
女用帽子制作工	1	50	4	
金银线编织品制作工	1	50	4	
纺线工	1	0	3	
黄金钻孔工	2	50	6	
缝靴工	1	50	4	
羽毛物制作工	1	50	4	
罗盘打磨工	2	0	4	
银器和珊瑚打磨工	2	25	6	
纺线断头接线工	0	90	3	
旧衣修缮工	1	25	3	
熨衣工	2	0	3	工作场所不卫生
染色工	2	25	0	
挂面制作工	1	50	4	

男劳动力

职业名称	每日工资		淡季	备注
	法郎	生丁	月数	
草帽制作工	4	0	7	
银匠	3	0	3	
军械制造工	4	0	4	

续表

金叶工	3 50	3	
金首饰制作工	3 75	5	
屠夫(童工)	3 0	3	
面包制作工	3 75	3	
马具工	2 25	3	
制造纽扣工	2 75	3	
制帽工	3 50	5	
制腊肠工	1 0	4	供伙食
木工	4 50	4	工作场所有危险性
制车工	3 0	5	
金属雕刻工	3 50	4	
排字工	3 50	3	
糖果制造工	3 50	5	
制鞋工	2 75	3	
硝皮工	4 0	4	
制刀工	3 0	3	每日工作 13 小时
修屋工	4 50	4	工作场所有危险性
木器镀金工	3 0	3	每日工作 16 小时
金属品镀金工	3 75	4	工作场所因有水银而带危险性
紫檀木细作工	3 0	3	
雕像印刷工	3 50	4	
罗盘制作工	4 0	4	
玳瑁眼镜制作工	3 0	6	
雨伞制作工	3 0	4	
钢琴制造工	4 0	3	
白铁制造工	3 25	3	
铅字铸造工	3 50	4	
炼铜工	4 25	3	工作场所有危险性

续表

炼铁工[①]	4	0	3	工作场所有危险性
打铁工	4	0	3	锉工每日工资为2法郎50生丁
暖炉工	4	0	6	
手套制作工	3	50	0	
钟表工	4	0	4	
铅字印刷工	4	0	4	
布匹印花工	4	25	4	
石刻印刷工	3	25	4	
画片印刷工	3	50	4—5	
雕刻铜版印刷工	4	0	4	每星期有1法郎25生丁的供应品
乐谱印刷工	3	25	4	
灯类制造工	3	0	4	
箱类制造工	3	0	4	
泥瓦工及其同行[②]	4	0	4	
建筑用大理石切磨工	4	0	4	
摆钟用大理石切磨工	4	25	3	
蹄铁工	2	75	3	
建筑物细木工	3	0	4	
靠手大椅子细木工	3	50	3	
光学器械制造工	3	0	6	
金银品细工	3	0	6	
金银线编织品制作工	3	0	4	
铺石工	4	0	4	非熟练工每日工资2法郎25生丁
房屋油漆工	3	50	5	

① 每一个工人配合4名苦力，他们的工资每人每天2法郎50生丁。

② 非熟练工每日2法郎50生丁——童工有6个月每日为2法郎40生丁；有两个月每日为2法郎10生丁。

续表

车辆油漆工	2　75	5	营养不良，睡眠不足
假发制造工	0　85	0	
水电工	4　50	4	
烧瓷工	3　75	0	
装订工	3　0	3	
马具制造工	2　75	5	
建筑物用锁工	3　50	4	
玻璃品吹型工	4　25	3	工作场所有危险性
铅版印刷工	4　0	3	
缝衣工	3　0	5	
凿石工	4　25	4	
硝皮工	3　50	4	
地毯工	4　0	4	
洗染工	3　0	4	
染丝工	3　50	0	
铁板制造工	3　50	3	
木桶制造工	3　0	3	
木器物品车工	3　50	4	
马车制造中之车工	3　50	4	
铜器物品车工	3　75	4	
油漆工	4　25	4	

在这些数字中，每一数字代表着多少眼泪！多少沉痛的呼声！多少强烈地压抑在内心深处的诅咒！这就是住在巴黎的人民的情况！这座学术的城市、艺术的城市、文明世界的万丈光芒的首都；此外，这座城市的面貌，只是极其真实地反映了夸张得这样厉害的文明的各种丑恶的对比：华丽的林荫行人道和泥泞的小巷，灯火辉煌的商店和阴暗的工场，荡漾着歌声的剧场和阴森黑暗、里边正有人在哭泣的陋室，胜利者的纪念碑和溺死者的停尸室，凯旋门和验

尸所！

在大城市里，某些人的豪华无时无刻不在侮辱其他人的贫困，可是大城市却对乡村有着很强烈的吸引力，这的确是一件突出的事。事实是这样存在着的，而且是千真万确的事实，那就是工业在和农业进行着竞争。一家忠于当前社会秩序的日报，新近转载了一位教会首长——斯特拉斯堡[①]主教——的文章，在他的笔下流露出下列几行悲惨的词句："一个小城市的市长曾经向我说过：'从前我用三百法郎就可以支付我的雇工的工资；现在我需要一千法郎才刚刚够。我们如果不把他们的按日工价提得非常高，他们就用离开我们而到工厂里去劳动来威胁我们。但是，农业是国家的真正财富，它多么不该遭受这种情况的损害啊！我们看到，如果工业信用发生动摇，如果有一个企业倒闭，那么突然就会有三四千憔悴的工人，由于无工可做，无饭可吃，需要国家来负担他们的生活。因为这些不幸的人们完全不懂得为了将来而节约：每星期都把他们劳动所得花得一干二净。而革命时期正是破产最多的时期，在这时期中，这些挨饿的工人们突然从不节约而沦为赤贫，试问这批人怎么不影响到公共安宁呢！他们甚至无法把自己的劳力出卖给土地耕种者了；他们的衰弱了的胳膊，由于不再习惯于田间的笨重劳动，也不再有多大气力了'。"

所以，大城市不仅成为极端贫困状态的发源地，而且还必须把乡村的人口以不可抗拒之势吸引到这些发源地而把他们吞没掉。

① 斯特拉斯堡，法国东部的城市，在阿尔萨斯，下莱茵省的行政中心。铁路枢纽站。——译者

并且好像是为了帮助这种不幸的运动似的，人们不是在各处修建铁路吗？因为在一个妥善组织起来的社会里，铁路是一种巨大的进步，而在我们的社会中则仅是一种新的灾害。铁路逐渐使缺乏人力的地方变得更加荒凉；同时却又使得人们在那本来难以找到立锥之地的地方，变得人口过分稠密；铁路又使那种在工人分类、工作分配、产品分配中已经发生的可怕的紊乱现象更加复杂化。

让我们再来看一看中等城市吧！

盖潘博士曾在一本我想它在我们的政治家的藏书中大概不配占有地位的小本年鉴中写了下列的几行：

"南特是一个介乎像里昂、巴黎、马赛、波尔多那样的大工商业城市和三等城市之间的中等城市，在那里，工人们的习惯或者要比其他任何地方都好些，因此我们认为我们不能选择比这更好的城市来证实我们所必然得到的结果，并给予这些结果以一种具有绝对明确性的特征。

"只要正义感尚未完全泯灭，那么在看到贫苦工人的享乐与苦痛之间所存在着的那种极不相称的情况，没有人会不感到难受的；对这些工人说来，生活仅仅是不死而已。

"除了工人自己和他家属所需要的那块面包之外，除了他暂时为忘却痛苦而需要的一瓶酒之外，他是再也看不到有什么别的东西，也不希冀什么别的东西了。

"如果你愿意知道工人居住的是怎样的住所，那么就请你走进他所住的一条小巷吧，在那里，他是被贫困包围着的，正如中世纪时由于人民的成见而居住在被指定的区域内的犹太人的情况一样。——请你低着头走进那门向小巷开着的并且比小巷路面还低的一个肮脏的地方去吧，里面的空气像在一个地窖里那样，是寒冷而潮湿的，脚在泥泞的地面上直打滑，时时有跌倒在污泥里的危险。过道是向下倾斜的，因此就在过道两旁的地平面下，各有一间阴暗、宽大、冷冰冰的房间，房间的墙上渗出污水，而且仅由一个破烂的窗子通进空气来，这个窗子很小，进不来阳光，又太坏，所以关不牢。如果恶臭的气味不使你向后退缩的话，请你推开门，稍稍向前走一两步。但是你要当心，因为高低不平的地面，既没有铺砖，也没有铺石，或者至少石板是已经被极厚的泥垢盖满，因此再也看不出有石板了。这里有两三张用糟烂的细绳缚住的床：它们已被虫蛀坏了，床脚都向一边倾斜着，有一床草褥，还有一条沿边形成破布条的被子，这条被子因为只有一床，很少洗过，有时还有一些床单和一个枕头：这就是床上的东西。至于衣柜，在这些房屋中是不需要的。往往有一架纺纱车和一架布机权充家具。

“在楼上的其他各层中，房屋比较干燥，也比较明亮，但同样肮脏、同样可怜。——就在这里，冬天往往不生炉火，夜间在树脂的蜡烛照明之下，人们为了得到 15 至 20 个苏的工资，一天要做 14 小时的工。

“这个阶级的孩子们，在他们能靠一种辛苦而笨重的劳动给他们的家庭增加几个里阿尔[①]的收入以前，他们是生活在阴沟的污泥里的；——他们面色苍白，满脸浮肿，衰弱异常，他们那两只深陷在眼眶中的受着沙眼炎症侵蚀的发红的眼睛，使人看了觉得难受；也许有人会说他们和富人的孩子本质不同。住在郊区的人们和住

① 法国旧铜币名。——译者

在富人住宅区的人们之间，差别并不这么大；但是却发生着一种可怕的淘汰作用：最茁壮的果实固然成长起来了，但是很多是未熟凋零的。20年后，有的人身体很强壮，而有的人却死去了。关于这个问题，我们虽然还能作很多补充，但是这部分社会成员的生活开支的细账，将作出很有力的说明。

一个家庭的房租	25法郎
洗衣	12法郎
燃料	35法郎
家具修理	3法郎
搬家（至少每年一次）	2法郎
鞋子	12法郎
衣服（他们穿的是人们送给他们的旧衣）	0法郎
医疗费	免费
药费	免费

“如果一个四、五口人的家庭每年的收入是300法郎，就必须用其中的196法郎来糊口，而这家人尽管尽量刻苦，最低限度也需要花费150法郎来买面包。这样，他们还剩下46法郎，供购买盐、奶油、白菜和马铃薯等之用；我们不谈肉类，因为他们根本谈不上吃肉。如果有人认为酒吧间还要吸收一定数目的钱的话，那么他就会明白，尽管慈善机关有时免费供给几斤面包，这些家庭的生活是非常凄惨的。”

我们曾有机会亲自在特洛亚[①]研究现行社会制度对工人阶级的命运所发生的影响；我们曾亲眼看到一些悲惨的景象。为了使

① 法国香巴尼省的省会，在塞纳河旁。——译者

人们不致责备我们夸大，让我们把亲身调查所得到的数字列举如下，以说明事实的真相：

特洛亚的工业统计

制袜、帽工：400 名雇主，这些雇主有营业执照并雇用约 300 名工人，其中半数每日可以得到工资 1 法郎至 1 法郎 25 生丁；四分之一每日可以得到工资 1 法郎 15 生丁至 1 法郎 50 生丁；其他四分之一每日可以得到工资 1 法郎。

木工：25 名雇主，拥有 250 名工人。工人每日工资为 1 法郎 75 生丁、2 法郎和 2 法郎 25 生丁。

制鞋工：200 名雇主，有 300 至 400 名工人，工人每日工资为 1 法郎 25 生丁至 1 法郎 75 生丁。其中有一些是制长靴工，每日工资为 2 法郎至 2 法郎 50 生丁。

泥瓦工：雇主 20 名，拥有将近 150 名工人。工人每日工资从 1 法郎 75 生丁至 2 法郎 50 生丁，盖房工的工资相同。

细木工：雇主 150 名，拥有将近 700 名工人。工人平均每日工资为 2 法郎。

制天花板工人和房屋油漆工：雇主 100 名，工人 300 名。工人每日工资从 1 法郎 50 生丁至 2 法郎不等。

锁工：雇主 80 名，工人约 250 名。工人每日工资为 1 法郎 75 生丁至 2 法郎 25 生丁。

裁缝工：雇主 120 名，工人 200 至 250 名。工人每日工资从 1 法郎 25 生丁至 2 法郎 50 生丁。较熟练的和地位较好的可以得到 3 法郎 50 生丁。但这种人的人数是极少的。

硝皮工和制革工:25 个工场共有 50 至 60 名工人,工人每日得 2 至 3 法郎。他们每天只工作 11 小时。

织布工:他们一共有 500 至 600 人。他们每人每日得工资 75 生丁至 1 法郎 50 生丁。有一部分人可以得到 2 法郎,但每天要工作 13 甚至 14 小时。

仅拥有极少数工人的行业并没有列入这个表中。

人们是不是要求一种性质更普遍、所表现的情况更惨的数字呢?

1837 年阿德里安·加斯帕蓝[①]先生公布了一份正式报告,从这份报告中可以看出在1 329处王国的救济院和收容所中被救济的贫民人数,在 1833 年达到425 049人。此外,描写工人阶级贫困情况的重要著作的作者布雷先生在上述的控告性数字外,又加上一个数字,说明那些住在自己家中而受救济的贫民的人数:布雷先生证明,根据最近的行政调查的可靠结果,在法国有一百多万人忍受着饥饿的痛苦,并且是仅靠富人餐桌上落下的面包屑来维持生活的。另外,我们在这里所提到的仅是"官方的"贫民:如果我们能够对那些不是这种"官方的"贫民加以精确计算的话,那又将如何呢?根据布雷先生认可的假设,一个"官方的"贫民至少代表着三个贫民,这是丝毫没有什么夸大的地方,人们由此就可以承认受苦的人民群众在全体人口中的比例差不多是一比九。有九分之一的人口都陷于贫困之中!难道这还不足以使我们宣告你们的制度是

① 阿德里安·加斯帕蓝(1783—1862),法国农学家,生于奥兰奇,1838 年任内政部长。——译者

残酷的，而这些制度的原则永远是邪恶的吗？

我们刚才用数字指出了，应用卑劣而野蛮的竞争原则竟把人民推到多么极端的贫困中，但这还没有把一切都说完。贫困产生可怕的结果：让我们深入到这个惨痛问题的中心去吧！

古人说，饥寒起盗心，这真是可怕而意味深长的话！根据警察厅的一位科长弗雷吉埃先生的统计[①]，在巴黎工作萧条的季节，男女老幼工人共有23.5万名，而在工作繁忙的时期，则有26.5万名。在这个数字中按照上述的计算，有3.3万人由于贫困和无知堕落在罪恶的泥沼中，他们在极度失望中挣扎着、堕落着。至于那些只靠罪恶勾当谋生的人，如盗窃犯、诈欺犯、拐骗犯、窝藏犯、娼妓和她们的姘夫等等，他们就构成一个惊人的数字：总数达30 072人，再加上刚才提到的3.3万人，就使巴黎所容纳并给养的一支罪恶大军，包括男女老少在内总数共达6.3万人。

我们来谈一谈警察局认为没有充分理由加以逮捕的那些做坏事的居民所聚居的巢穴吧。在文明世界首都的中心，在那些藏污纳垢的区域里，在充满着血腥的神秘事件的小巷中，有许多地方，人们以两个苏的代价出卖铺位。《居民中的危险分子》的作者说（第一卷第52页），在1836年，最下等的居住场所总数达243处；所收容的住户共6 000人，其中三分之一是妇女，靠卖淫或偷窃为生。

的确，在这里，混杂聚居着我们道德世界上的渣滓，还有一些浸没在丑恶人群中的贫穷人，他们的极端贫困孕育了罪恶！在那

① 《居民中的危险分子》，第一卷第27页以下。

里，发生着使人战栗的景象。在那里，人们所见到的只是面目狰狞可怕和野蛮兽性的人们。在那里，所用的语言都是用来掩盖他们的思想的下流俚语。在那里，人们极端地放荡闹酒，在那里，每天都可以遇到那些常客，一边争吵流血一边喝着劣等的绿葡萄酒，这种酒使他们的粗暴性情得到兴奋并且也使他们衰竭。从那里，有时产生这样一些人，他们由于对社会做了骇人听闻和可怕的事情而走向监狱或断头台。

还有说起来骇人听闻的事情，那就是许多为非作歹的人在巴黎却有着一种公开的地位。警察局知道他们，有他们的姓名住址，掌握着他们不法行为的档案；为了要在犯罪的现场逮捕他们，警察一步一步地跟踪着他们。而在他们那一方面，只要他们的不法行为没有法律证据的时候，他们就昂首阔步，而且放心大胆地窥伺着时机。因此，惩罚和犯罪二者在我们社会内部构成两种敌对势力，这两种敌对势力都随时巩固自己的实力，不断地彼此监视着，以一种互不相容的态度互相打量着，用狡猾的手段斗争着，并注定我们要永远而且无休止地看到它们这种永恒的斗争的演变。

这还是小事。长期以来，人们只是由于孤独的、个人的、粗暴的动机而去犯罪。但是在今天，杀人犯和盗窃犯却结成帮了；他们服从纪律的规定，他们给自己制定一种法典、一种道义；他们成群结帮地活动并按照周密的计划进行。最近期间，刑事法院接连进行公开审理的，有曾经向中产阶级宣战的“沙尔班梯埃帮”，有经常地在圣日曼区行劫的“古尔夫阿西埃帮”，育曾向工人储蓄所抢劫的“高杰·白莱士帮”。另外还有“硝镪水帮”、“催眠药帮”、“勒杀帮”等等。不被劳动所吸收的力量跑到罪恶的阵营里去了。面临犯罪分子对集体进行杀害，忠实的人们认为不能再在一起进行集体生产了。当我们等待人们决定去组织工人社团的时候，我们却看到杀人犯已组织起来了。

这种混乱是不可容忍的，必须予以结束。但是，如果得到的结果使我们灰心，那么最低限度我们要尽力去追溯这种混乱的原因。简单说来，原因只有一个，那就是贫困。

因为，诚恐侮辱上帝，我们不敢主张人类生来就必然是邪恶的。我们更愿意相信上帝的作品是善良的、是神圣的。我们不要为了推卸我们曾经破坏这个作品的责任而成为不虔敬的人。如果人类的自由确实存在的话，那么一些伟大的哲学家都曾对此表示怀疑：至少人类的自由在贫民身上是遭受到异常的限制和压制的。我知道一种比蒂塔尔[①]和尼罗[②]的暴政更残忍、更难于逃避或难于摆脱的暴政，这就是事态的暴政。它是从一种腐朽的社会秩序中产生出来的；它是由无知、贫穷、放荡、坏榜样、得不到安慰的心灵上的痛苦、找不到减轻方法的肉体上的痛苦等等所构成的；它的牺牲品就是这样一些人，他们生活在一个农产富饶、商店里装满着珍贵物品、大厦中空旷无人的国家里，自己的衣、食、住却毫无着落。

请看一个出生在我们城市的污泥中的不幸者吧。他从未受过任何道德观念的训导。他在受罪恶熏陶的环境中长大。他的智慧始终停留在黑暗里。饥饿煽起了他最起码的欲望。从来没有一个朋友来帮助过他。也没有温和的声音在他辛酸的心灵中唤起温情

① 蒂塔尔，公元 14—37 年的罗马皇帝，多疑而残暴。——译者

② 尼罗，公元 54—68 年的罗马皇帝，性情残暴。——译者

和爱情的共鸣。现在，如果他成了犯罪的人，那么，你就向你们的法庭呼吁，对他加以制裁：我们的安全需要这样做啊！但是你不要忘记，你们的社会秩序从来也没有适当地帮助这个不幸的人解除痛苦。你不要忘记，他的自由意志是从他在摇篮时起就已遭到恶化；他的愿望受着沉重的和不公正的命运的压制；你不要忘记，他挨饿；他受冻；他从不知道、也不懂得什么是仁慈……虽然他是你的弟兄，虽然你所信奉的上帝也是那些贫穷的人、懦弱的人、无知的人、一切受苦的和永生不灭的人类的上帝。

今天，当人们把一个人交给刽子手行刑时，如果你问为什么，就有人回答："因为这个人犯了罪。"如果你继续问这个人为什么犯了罪，那么人们就什么也回答不出来了！

有一天，这是1844年11月4日，我阅读了《法院通报》，其中有一篇叙述最近发生的一宗谋杀案件，详情很有令人痛心的意义：

"本年7月12日，"总检察长阿贝尔先生的起诉书上写道，"雪弗鲁依来到工艺博物馆街警察分局自首，说他杀死了自己的妻子，并且立即供认了他犯罪的详细情节。他说，他的被害人名叫葛丽娜-安奈特·布隆，原是他的姘妇，已经和他同居了一个多月；贫困带来的不幸和对生活的厌倦使他们难以忍受，于是他们共同商定一起死去。为了能够施行这个可怕的计划，他们喝了烈酒，把他们房间的窗户关好，把窗缝堵塞，还准备了可以使他们窒息而死的木炭。葛丽娜-安奈特·布隆上床就寝，雪弗鲁依对她说：'我们就快死了！'她回答说：'是，是，'同时，结结巴巴地说着这几个字：'还没有呢，等一等！'她说完这些话，神经就有些不正常。据被告说，他曾经给她一杯糖水喝，使她的神经镇静一下。布隆精神稍稍恢复，接着说:'你快要死了,我的好茹连,你已经点燃了木炭,我们一起睡下吧!'她果然睡着了。然而被告却没有把木炭点着;据被告说,他怕布隆在精神错乱的时候倒在炉火上。他说,就在这一刹那间,他起意要窒息这个不幸的女人,于是他重新喝了烈酒壮胆,把松脂熔解后,涂在一张布上,把布贴到她的脸上,这样她的嘴和鼻孔就完全盖严密了。不多时候,葛丽娜-安奈特·布隆就死了;雪弗鲁依说自己已经再没有勇气去点起炭火,也没有勇气想别的方法来自杀,他便立即走到警察分局自首。"

从案件审理的情况看来,这个被她的情夫用松脂面具窒息而死的可怜女子并不是一个庸俗的人物。"有一天,她对她的情夫说,我要和你谈谈我的幻想。在我还非常年轻的时候,我在圣莫尔[①]做工;在夜间,天气很好的时候,我时常单身跑到圣莫尔坟地附近田野里的一处非常幽静的地方,在那里,四周是绿草和花朵。我曾经好几次为我自己构造的幻想而哭泣。我在戏院看过一出名叫《凯特利》的戏,这出戏使我感到烦恼。在这出戏中,有一个女子,她很懂得爱;而我呢,在我的孤独中,也像这个女子一样,我爱一个超人,他是我所既不认识又没有见过的。可是我和他谈过话,我想象他就在我的周围,他就睡在我的身旁。以后,我就去寻找花朵,把花朵散布在他的周围,并且我低低地说:他就在那里,他对我很忠实!啊!是的,我很爱他。我也就哭了。由于我有了这些幻想,我感到幸福,因此那时我每天都要到那里去。"

多么深厚的情感!何等高尚的理想!热情和幻想交融在一

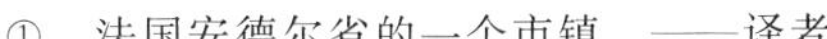

① 法国安德尔省的一个市镇。——译者

起，这该是多么动人！多么温柔的忧伤的性情呀！但是葛丽娜-安奈特·布隆却陷入了贫困：她的心灵在贫困中很快就衰弱和枯竭起来。她在沉醉中去找寻致命的梦境；最后，发觉生活的压迫过于沉重，她对她的情夫说：

“你快要死了吗，我的好茹连？让我们一起睡着吧！”

这样，贫困仿佛是为了使惨痛的教训多样化似的，就以各种极不相同的姿态出现：在某些人身上，贫困是悲惨的，而在另外一些人身上，贫困则是凶恶丑陋的，它有时给自杀带路，有时又促使人去进行谋杀。那么，是不是还需要更多的理由使政府最后下决心去研究可能的救济方法呢？

几年前，国王的检察官布克利先生在他复职演说中承认，现今的社会秩序呈现出许多无名的创伤；家庭外面，潜伏着不调和的情况，时刻有对它进犯的可能；人们在那里公开提倡贪婪或吝啬；人们来往行走在窝藏犯的黑店和黑夜中盗窃犯的匕首之间；就在巴黎，近代文明的策源地、我们的科学和艺术的中心，罪恶选择了它最喜欢的住所；那些地下社会的可憎恶的人物，如拉斯奈尔和布勒曼之流的有组织的罪犯，就是从巴黎的神秘和下流的地区中逃出去的。在这个富有的、文雅的、有礼貌的、尽情欢乐的表面掩盖下，展现出使人毛骨悚然的悲剧；在离我们仅有几步远的地方就有不少的违法行为、不可思议的荒唐行径、难以相信的淫乱秽行以及许多被自己的母亲慢慢地弄死的婴儿！是的，这就是那些当权的最重要的人物也不得不承认的事实。然而，他们从这些事实中得出的唯一结论就是：赶紧增加法院和扩大法院的生杀之权！而他们对于杜绝如此多的罪大恶极和骇人听闻的事件的根源的必要性，却一字不提！可是，预防似乎终究是比惩罚好些。根据里昂·福歇先生[①]所得的资料，被塞纳初级法院所逮捕和审问的人数如下：

1832 年……………………………………………9 047 人

1842 年……………………………………………11 574 人

这就表示：从 1832 年至 1842 年——用我们这个时代的绝妙表达方法来说——罪恶增加了 28%。要知道，巴黎城是有人员众多的国家保安队、1 5000名卫戍部队、3000 名市警察、830 名消防队、无数的警官、督察员、警察、密探保护着的；并且人们还在不断地增强着这些工作人员的力量。但是，尽管镇压的力量扩大，犯罪的活动也增加得更快。是不是我们等着罪恶成为不可收拾的力量，等它来包围我们，等它把我们都掐死呢？

因此，如果对于穷人来说，这里存在着一个救济的问题，那么，对于富人来说，那就是一个安全问题了。贫穷的根源——竞争，对于穷人来说，是无休止的暴政，而对于富人说来，却是一种永久的威胁。谁都知道，大部分的罪犯都是从大的工业中心产生出来的，工业省区所提供给刑事法院的被告人数，要比农业省区所提供的多出一倍。单单这一个比较就足以说明，人们对于现今的劳动组织、对于劳动组织所应规定的条件以及对管理这个组织的法律应当作何感想。

对于这一切，哦，慈善家们，请你们想象一下感化院的美好制度吧！当你们费心劳神地给了罪犯以教育，当他走出你们的监狱

① 里昂·福歇(1804—1854)，法国的新闻记者、经济学家兼政治家，1848 年做过内政部长。——译者

时，正在等着他的贫困又把他无情地送回到那里去了。你们这些远见的医生们，请你们相信我的话，把这个染有疫病的人留在病院里吧，你们恢复他的自由就是把他交还给疫病。

而且，对于能恢复健全生活的弱者来说，同无法改造的坏人发生接触是致命的。恶行好像美德那样，也有它的感染作用和它的道理的。

这就是使我们那些政治家痛苦地认识的事情，这就是产生像1844年5月众议院所通过的那样的监狱法案的原因。这个法案的目的是在于避免混杂的危险，这种混杂使监狱中那些新犯人和那些长期以来已经腐化堕落的犯人混杂在一起。这个法案不仅把只是采用夜间隔离的欧贝恩[①]制度，而且还把采用夜间和白昼都隔离的费城[②]制度介绍到法国。结果是，监狱为了使释放到社会上去的犯人不致更加堕落，更有作恶的经验，更加令人可怕，以免使社会受到这种犯人疯狂行为的危害，就不得不采用单独禁锢制度，这只是用时间来埋葬罪犯：这是一种可怕的刑罚，结果使犯人变成呆木愚蠢、自杀或发疯！在罗马时代，当一个贞女陷入情网的时候，人们就把她活埋了，并且在她的身旁放上一罐水和一块面包；但是，正如著名的拉梅耐[③]对我们说过的，在罗马，人们还讲人道，不去更换埋葬在地下的贞女的面包，也不去更换她的那一罐

① 美国的一个城市，有著名的监狱。——译者

② 北美合众国宾夕法尼亚州的一个大城市，因实施罪犯隔离监禁而著名。——译者

③ 菲利西特·德·拉梅耐(1782—1854)，法国反动政论家和政治家。天主教修道院院长。他发展了企图使工人运动服从教会领导的所谓基督教社会主义的反动思想。——译者

水。在把这种制度输入给我们的那个国家里，罗得岛州从1843年1月1日起就取消了单独禁锢制，因为在三十七个人中就有六个人发疯。西尔维奥·彼利科[①]说过："孤独是一种这样残酷的折磨，以致我始终不得不想把我心头的几句话说出来和要求我的邻居答复我。如果他不回答，我就会向窗上的铁栅、向对面那个小丘和在天空中飞翔的鸟说话。"

单独禁锢的残酷是没有什么东西可以和它相比的。犯人一旦被关进叫做单间禁闭室的这种坟墓里去，他除了绝望以外，和人类没有别的关系了。他的殉难既无人见，他的呻吟也没有共鸣。他的孤独由四面冰冷的墙壁包围起来，不使外泄。同时他什么都没有：他看不到人的面孔，观察不到广大天空的景色，听不见大地的声音和大自然的谐音。永恒的沉寂压在他的身上。他完全被人遗忘。他在死亡中呼吸和挣扎。

如果最近所通过的法案能够减轻这一类惩罚的逻辑理论所具有的野蛮成分，那么我们将感到非常高兴，我们也要衷心地为那些使得罪犯有时还有希望能够看到人们在他面前经过的立法而祝福。不过，即便含有这样内容的法律，仍旧是多么的残酷啊！

但是，我们的立法者，却竟相信了单独禁锢的教育意义，真是一件莫名其妙的事情！在他们的眼里这种教育意义掩盖了单独禁锢的恐怖性。他们根据少有的盲从性，以为一个人如果和自己的同类尽量隔离就可以提高他对他同类的责任感；他们相信罪犯的

① 西尔维奥·彼利科（1789—1854），意大利作家，曾参加烧炭党人的民族解放运动。他的作品"狱中记"（1832年）反映出他转向基督教的温和立场，这种转变表明他已放弃了政治斗争。——译者

社交本能是可能加以改造和教导的，办法是使用强力去压制这些本能，使他们因没有机会进行社交和意志消沉而委靡下去。简单说来，他们认为为了挽救堕落的人，只有使罪犯面壁反省自己的罪行。

关于这个问题，已经谈得很多了：这个问题本来要求做深入的研究，但我们所以谈这个问题只是为了指出，在基础极坏的社会秩序中，一切感化制度都会产生巨大的和不可避免的弊害。其中最优良的制度，对罪犯在实际上进行感化而不是进行折磨，它本身也会成为一种显然的危害和丑事。因为人们根据什么权利可以让贫苦的儿童在离监狱不远的地方、在苦难中去吸取罪恶的毒素，而在监狱中却有人竭力去向那白发苍苍的罪犯说教呢？让那些被遗弃的、无知的、愚昧的、挨饿的、极度绝望的人，通过犯罪去得到社会保护的权利，并使用匕首去为自己开辟一条受教育的道路，这不是荒谬到了极点吗？

从而，我们可以得出结论：有效而合理的感化制度只有一个，那就是一种健全的劳动组织。我们周围，经常敞开着一所使人堕落的、规模巨大的学校，应当立即加以关闭：那就是贫困。

只要人们不从根本上去打击邪恶制度，那么人们在反对必然后果上的一切努力将是白费的。没有被摧毁而只是掩盖起来的邪恶是会萌芽起来的，它将在善良的外表下成长起来，在每种进步上使人发生错觉，并在每一件好事下面埋伏一个陷阱。

我们都知道，储蓄银行的建立没有得到广泛的歌颂者和拥护者。

很多诚实的政论家曾经认为，对人民来说，储蓄银行是一种通过事先安排而逐渐增加财富借以解放自己的办法：在一个非常吝啬的、不仅限制人民的乐趣而且还限制人民的生活的社会中，这是一种天大的幻想！工人的工资既永远不能满足他们的生活需要，怎么会有足够的储蓄呢？即或艰苦较小的人偶尔有些小额积蓄，然而疾病、失业都在等待着吞食这笔微薄的储金，这种储金又怎能构成将来解放无产者的资本呢？

此外，储蓄银行仅仅有一部分的来源是靠诚实的劳动得来的。作为大批不法利益的盲目的和合法的收赃者，储蓄银行在不知不觉地鼓励了这些不法利益之后，对于一切前来储蓄的人，从偷窃了他主人财货的仆人起，一直到出卖色相的妓女，一概欢迎。

人们向无产者建议要为了将来而积蓄：这等于对他们说，要忍饥挨饿，要压制不可抑制的欲望的根苗，要用他自己的意志来加重他处境的贫困。那么为的是什么呢？只是为了在经过十年的节衣缩食、艰难困苦之后，当衰老的心脏不再为追求幸福而兴奋，当人们的青春已逝，好得到一笔微薄的资本，作为竞争的候补战利品。

但是，问题还具有更大的重要性。在虚伪和不公正的文明社会中，如果使人民完全依靠他们的统治者，这并不是没有危险的。当人民由于狭隘而虚构的利益和他身受的压迫制度联系起来时，为了恐怕看到他们自己辛辛苦苦攒积起来的几文钱在社会变革的危机中化为乌有，是否不能不感到自己是与压迫者的命运相联系的呢？而成为暴政的政权，当它能支配人民群众的储金时，当它可以拿银行倒闭来威胁他们时，当它可以任意摆布他们，使他们顺从它的危险行为和参与它的使他们成为牺牲品的残暴行为时，这种政权还有什么不敢对人民群众做的呢？

就储蓄本身来说，这是一件再好没有的事情：如果不承认这一点，那只是幼稚的和狂妄的矫揉造作。但是——人们应该很好注意——如果储蓄跟个人主义联系起来，那么，储蓄就会产生自私自利，会和布施绝缘，会不知不觉地在最善良的天性中杜绝乐善好施的泉源，会以贪婪的满足来代替施恩于人的那种神圣诗情。反之，如果储蓄跟社团配合起来，那么它就将获得一种高尚的本质、一种神圣的重要性。如果只是为了自己而储蓄，这就是宣布对于自己同类和对于前途的不信任；但是，如果既为自己又为他人而储蓄的话，这就是做一件最聪明的事情，这就是给予智慧以应有的热诚对待。

某些道德学家曾经夸奖现今的储蓄银行制度，说它是迫使贫苦阶级不再贪杯的一种有力的手段。但据我们看来，挽救的办法还不在这里。工人之所以这样甘心去寻求一种导向梦境之乡的出路。就是因为现实生活对于工人来说是太残酷了。人们为了工人的利益要把工人手中的酒杯砸碎，而工人之所以爱好这个酒杯，是因为一醉可以解千愁。为了能忍受生活，该有多少人需要借酒杯来忘掉部分的情感呢！如果不是社会的过错，那又是谁的过错呢？因为它在社会成员之间，把劳动与享受作了那样的不公正的分配！闲荡的人是由于厌闷而醉酒，劳动的贫民则是由于痛苦而醉酒。原来，对于一切人来说，智慧产生于操作和休息、辛苦和快乐之间的适当的交替。所以我们又不得不回到基本的问题上：通过消灭贫困的根本原因而消除贫困。

我们已经谈过，个人主义产生了竞争；由于竞争才有工资的变动和工资的不足……谈到这里，我们所碰到的就是家庭的瓦解问题。一切婚姻都是负担的增加。为什么要穷上加穷呢？因此男女间的姘居就代替了家庭。贫民生养了孩子，怎样去养活他们呢？因此，在墙角里，在某些荒僻的教堂的石阶上，甚至在立法机关的回廊下都发现有这样多的穷人婴儿的尸体。为了使我们对杀婴的原因不再有丝毫怀疑，统计在这方面使我们知道，我们十四个工业较发达的省份所提供的杀婴数字与法国全国所提供的杀婴数字的比例是41与121之比[①]。绝大多数的罪恶总是产生在工业发达的地方！国家完全应该对一切贫苦的母亲说："我负责养育你们的孩子，我开设教养院。"这样做还是不够的。还应该更进一步，还应该消灭各种能够妨碍人们冲击无能为力的制度的障碍。弃婴收容箱[②]已经设立了！放弃自己权利的母亲得到了保守秘密的利益。但是现在享乐的诱惑既然不必顾虑男女姘居所强加的责任，那么，谁又能制止男女姘居情况的发展呢？这就是道学家们立刻大声疾呼的事情。接着，冷酷无情的统计家出来说话了，而且他们的责备更加激烈。"取消弃婴收容箱吧，取消弃婴收容箱吧，不然，你们就要看到，收容的弃婴数字将大大增加，就是我们全部的预算也不够养育他们了。"的确，自从设立弃婴收容箱以来，法国的弃婴数字有显著的增加。在1784年1月1日，弃婴的数字是4万；1820年是102 103；1831年是122 981；今天差不多是13万[③]。弃婴的数目

① 参阅1840年7月15日《宪政公报》所公布的统计表。

② 一种装置在婴孩收容所墙壁中的、可以转动的圆形箱柜，箱柜的一半露出在墙外，当有人要把自己的婴孩送交收容所时，可以把婴孩放在露出在墙外的那半个箱柜中，把箱柜转动，就可以把婴孩送进去。这样，放弃婴孩的人就可以不必面对面地暴露自己的面貌而把婴孩交付给收容所。——译者

③ 请参阅于尔纳·德·博满斯、都夏台尔、伯诺亚斯顿·德·夏都诺夫等先生的著作。

和人口之间的比例数，在四十年间差不多增加到三倍。对于贫困的这种大规模进袭，应该给以怎样的限制呢？而且怎样才能避免总是在增长着的百分之几的附加税的重担呢？我分明知道，在现代的救济所中死亡的机会是很多的；我分明知道，在准备收容到慈善机关去的婴儿中，有许多在离开出生的陋室时，或在寒风凛冽的大道上，或在育婴堂的恶浊空气里，就丧失了生命；我知道，还有其他许多婴儿，由于营养不足而慢慢死去，因为，在巴黎的9 727所弃婴养育所中，只有6 264所养有一头乳牛或一只奶羊，最后，我还知道，收养在同一保姆家里的婴儿中，有的是因吃奶而死亡的，因为他们的同伴们是由放荡的父母生出来的，因此把保姆的奶汁都弄得有毒了①。可惜！像这样的死亡率还不能构成一项足够的节约。

至于说到百分之几的附加税和预算数字，那么从1815年至1831年的开支均有所增加：在夏朗德②，从45 232法郎增加到92 454法郎；在朗德③，从38 881法郎增加到74 553法郎；在罗得—和—加隆④，从66 579法郎增加到116 986法郎；在罗阿尔⑤，从50 079法郎增加到83 492法郎。法国的其他省份也是这样。在1825年，各省议会共通过了5 915 744法郎的补助费，到年底证明尚亏空230 418法郎。但是祸不单行：救济院的保健制度逐

① 见埃德赖斯当·都梅里尔：《预算案的哲学》。（埃德赖斯当·都梅里尔[1801—1871]，法国语言学家和古文学家。——译者）

② 法国西部的省份。行政中心为翁各雷谟。——译者

③ 法国西南部的省份。行政中心为蒙特马尔山。——译者

④ 法国西南部的省份。——译者

⑤ 法国西部的省份。——译者

日改善！然而卫生的进步却成了一种灾害！天啊！这成了什么样的社会呢！那么还该怎么办呢？有人认为,凡是把自己婴孩送进救济院的母亲就得被迫接受一种使她受屈辱的义务:就是要她向一位警察局局长坦白她的错误。这实在是个了不起的发明！如果使妇女们变得不知廉耻而习以为常,社会又能得到些什么呢！当青年们的一切荒唐行为得到官方的许可,当一切淫荡举动得到社会默认的时候,将会发生什么情况呢？如果对于必须作这种痛苦的坦白所作的规定很快被习以为常所打破;如果妇女们从而受到不知廉耻的教育,而国家当局又在鼓励不顾贞节的行为,那么政府只有把一切违反廉耻的法律一笔勾销。如果说最好还是把弃婴收容箱全都取消;这不免是太大胆的要求。这真是渎神的愿望！啊！你们发现百分之几的附加税的数字在增大,这是可能的;但是,我们却不愿意使杀婴的数字增加。压在你们预算上的负担,使你们感到惊惶！但是,我们说,既然人民的女儿们在她们的工资中找不到维持生活的办法,那么,你们在这一方面虽然有所收获,你们在另一方面却不可避免地应当有所损失,这当然是合理的。但是,家庭就这样完了吗？唉！这是毫无疑问的。你应当考虑一下,如何把劳动重新组织起来。因为:有了竞争,就有极端的贫困;有了极端的贫困,那就会瓦解家庭。事情是这样突出！现制度的拥护者对革新的阴影战栗,而他们并没有觉察到,如果维持这种制度,那就会通过一条自然的和不可抗拒的道路把它推向最大胆的现代革新,也就是推向圣西门主义！

我们所攻击的工业制度的最丑恶的结果之一就是把孩子们推

进工厂里去。我们读到牟罗兹[①]的许多慈善家向议会两院呈递的请愿书:"在法国,有人招收各种年龄的孩子在棉纺工厂或其他工厂中做工;我们在那里看见有五岁和六岁的孩子。不论年龄,每天劳动的时间都是一样的;纺织厂里,除非在商业危机的情形下,每天的劳动是从未少于十三个半小时的。

"当你在清晨五点钟穿过一座工业城市时,你就能看到有那样多的人拥挤在纺织厂的门口!你将看到一些不幸的孩子,面孔苍白,身体瘦弱,发育不完全,眼色阴暗无光,脸色发青,呼吸困难,走起路来伛偻着身躯,好像老人一样。你听听这些孩子之间的谈话吧:他们的声音是沙哑的、微弱的,好像被他们在纺织厂中所吸进去的污浊空气所遮盖起来似的。"

但愿上帝认为这种描写是夸大的!但是,这篇叙述中所指出的事实,是以官方文件和严肃人物搜集起来的文件中所记载的观察结果为根据的。另外,那些证据也都是信而有征的:夏尔勒·杜班先生[②]在上议院说:在每一万个应召前去忍受战争疲劳的青年中,法国的工厂最多的十个省份提供了8 980名残废或畸形的人,而在农业省份中,则仅有4 029名。1837 年,为了挑选 100 名壮丁,在卢昂就要剔选掉 170 名,在尼姆,157 名,在埃尔柏夫,168 名,在牟罗兹,100 名[③]。从这里可以清楚地看出竞争的必然后果。竞争使工人过分贫困,于是工人不得不把小孩领到工厂去做工,以

---

① 牟罗兹,法国上莱茵省的首府。——译者

② 夏尔勒·杜班(1784—1873),法国经济学家兼工程师。1836 年为法国科学院院长。——译者

③ 请参阅前述的那个统计表。

补充工资的收入。同样，无论在什么地方，只要竞争统治着，在工厂中使用童工就成为必然的事。例如，在英国，许多工厂的大部分工人由儿童所组成：据德奥赛先生引证的《每月评论》报道，在邓底[①]的工厂中，有1 078名劳工都还没有达到18岁，大部分在14岁以下，一部分在12岁以下；有一些在9岁以下；最后，其中还有刚满6岁或7岁的。然而，根据埃德赖斯当·都梅里尔先生所引证的《奥斯兰德报》，人们可以看出对于儿童剥削的后果：在曼彻斯特随便选择的700名男女儿童中，人们发现：

在350名未经工厂雇用过的儿童中，害病的有21名，健康不良的有88名，身体十分强健的有241名。

在350名被工厂雇用的儿童中，害病的有75名，健康不良的有154名，健康良好的仅有143人。

因此，那种迫使父亲去剥削他们亲生子女的制度就是一种杀人的制度。并且，从道德的观点而论，谁能设想还有比在工厂中发生性关系的情形更不幸的事情呢？这就是向孩子们灌输恶习。克敏斯医师曾在一所梅毒病医院医治一些11岁的梅毒病患者，读了他关于这事的谈话，怎能不令人惊骇？而在英国的一些贫民收容所中，平均年龄为18岁，根据这样的事实，又能得出什么样的结论呢？

路易·勒·格朗学院的教授洛蓝先生，对王国所有的初等学校的状况写出了一篇令人悲痛的不寻常的报告。他在冗长地阐述了工业对教育的那些可恶的胜利和这种胜利对于儿童品行的影响

① 英国北部的一个城市。——译者

之后,接着写道:法国已经开始感染了那些已在英国生根的同样习惯,在英国,根据《教育日报》统计,证明四天中就有14 014名儿童去过14家卖烧酒的小店。由此可见,如果没有一次劳动的改组,又怎能制止人民的这种迅速毁灭呢?是否用法律来限制工厂雇用童工呢?这是人们已经尝试过的事情。是的,在法国,立法者的慈爱心肠既是这样,因而终于有一天上议院规定八岁的儿童可以去看一台机器。按照这条仁爱和慈善的法律,八岁的儿童将只受到每天劳动12小时的限制。这种法律不过是抄袭了英国的"工厂法"。怎样的抄袭呀!但是,归根结底,还是必须实施这条法律。这种法律是否能实行呢?当不幸的家长向立法者说:"我有八岁、九岁的孩子。如果您限制他们的劳动,您就减少了他们的工资。我还有六岁、七岁的孩子。我没有养活他们的面包。如果您禁止我使他们受到雇用,那么您要我让他们饿死吗?"试问这时立法者应该怎样答复呢?有人大声疾呼说:父亲们并不愿意。是否可以强迫他们愿意呢?这种对于贫穷所实施的强暴做法,是根据什么法律、根据什么公平的原则呢?在当前这种制度下,人们要在孩子身上尊重人道主义就不得不在父亲身上大胆地破坏人道主义。

所以,如果没有一次社会改革,在这里就没有挽救的方法。因此,在这种竞争笼罩一切的情况下,劳动将给将来制备衰老的、畸形的、病态的、腐化的后代。啊!富人们!谁将为你们在边疆效命呢?可是你们总得需要士兵呀!

但是,这不仅摧毁贫困的儿女们的身体上和精神上的功能,而且也摧毁他们智力上的功能。根据法律的强制规定,的确,在每一个地区都要有一位初级小学的教师,但是到处都是以一种可耻的吝啬态度来投票通过维持该教师的经费。还不仅如此，不久以前，我们曾走遍法国文化最高的两个省份，每当我们问到一个工人为什么不把他的孩子送到学校去时，他总是向我们回答说：他已经把孩子送到工厂中去了。因此，我们能够通过亲身的经验来证实从所有各种证据所得出的结论以及我们在大学教授洛蓝先生的正式报告中所读到的东西，下面就是洛蓝先生的话："只要有一个轻工业工厂，一个纺织工厂、一个重工业工厂刚刚开办，那么，你就可以停办学校。"眼看着工业在向教育进行犯罪式的进袭，试问这是什么样的社会秩序呢？在这样的社会制度下，学校还能有什么重要性呢？请你参观一些村镇吧！这里充当教师的是一些被释放的罪犯、流氓、冒险家；那里有一些挨饿的教员离开了讲坛去耕地，他们只是在没有别的较好的事情可做的时候才去教书；孩子们差不多到处都是群集在潮湿的、不卫生的屋子里，而且甚至是在马厩里，在那里，冬天他们就利用牲畜的体温来取暖。有些村镇的学校，教室同时就是老师的厨房、饭厅和卧室。穷人的子女所受到的正是这样的教育。可是对这些穷孩子来说，这还是最幸运的呢。我再说一遍，这些情节都是从政府报告中得到的。那些政论家主张需要教育人民，他们认为要是没有教育就谈不到改善人民的状况，他们认为一切要从教育开始，试问这些政论家都想些什么呢？答案是非常简单的：当号召穷人在学校和工厂之间作出抉择时，他的抉择是毫不犹豫的。工厂在被优先选择方面具有一种决定性的因素：在学校里，对孩子进行教育，但是在工厂里，却有人给钱。所以，在竞争的制度下，人们在离开摇篮几步远的地方就夺走穷孩子，压制他们的智慧的发展，伤害他们的心灵，同时也摧残他们的身体。这是三重的邪恶！三重的杀人罪！

读者，还要请您耐心一点！我就将结束这一悲惨的论证。人口的增加，在贫民阶级中要比在富人阶级中迅速得多，这是一个铁的事实。根据《欧洲文明的统计》，巴黎的出生人口，在最为富裕的住宅区，是当地人口的三十二分之一；而在其他住宅区，就增高到二十六分之一。这种不相称的情况，是一种普遍的事实，德·西斯蒙第先生[①]在他的关于政治经济学的著作中，对于这一点曾作了很好的解释，认为所以发生这种不相称的情况，那是因为按日计工的劳动者是处在不可能有所希望和预见的地步。只有那种对明天有把握的人，才能够按照他的收入定额来估计自己孩子的人数；而任何过一天算一天的人，只好屈服在一种神秘的命运的桎梏之下，把他的子孙都寄托于这种神秘的命运，因为他已经把自己寄托于这个命运了。况且，有的是救济院，它们使真正的乞丐洪流威胁社会。有什么方法能避免这种灾祸呢？

如果瘟疫发生得比较频繁些或者和平存续的期间比较短些，那就好了！因为，在现行社会制度中毁灭，可以解决一切问题，而无需再想其他挽救的办法了！但是，战争已经变得越来越少；霍乱却成为可望而不可得的疾病，这将怎么办呢？而在一定时间以后，我们对我们的那些穷人又将怎么办呢？显而易见，在一切社会中，如果生活必需品的增加不如人口增加得那样快，那么，这个社会就是一个面临着深渊的社会。这就是法国的情况。律比雄先生在他

① 来昂纳尔·德·西斯蒙第(1773—1842)，瑞士小资产阶级经济学家和历史学家。是所谓经济浪漫主义的代表人物。——译者

的那本标题为《社会结构》一书中，已经明显地证明了这一可怕的真理。

的确，贫困可以杀人。按照维累梅大夫的统计，在同一时期出生的两万人，一万人生在富庶的省份，另外一万人生在贫困的省份，就死亡率来说，在40岁以前死亡的，在富庶的省份里100人中有54人，在贫困的省份里100人中有62人。到90岁还活着的人，在富庶省份里一万人中有82人，在贫困省份里一万人中则仅有53人。

这个用死亡来挽救贫困的办法是个最无效的办法！在保持着各种比例的条件下，贫困所产生的不幸的人，比它所能消灭的要多得多。再说一遍，有什么法子可想！斯巴达人杀死他们的奴隶，加雷尔[①]令人把乞丐全都淹死。在法国，16世纪中颁布的许多法令，把乞丐处以绞刑[②]。人们可以在这些不同种类的惩罚形式之间随意选择。

我们为什么不采用马尔萨斯[③]的学说呢？不，马尔萨斯缺乏逻辑：他并没有把他的体系贯彻到底。

莫非我们要采用1839年2月在英国出版的《谋杀篇》的学说或采取马尔萨斯的著作吗？在这本著作中，他提议工人阶级生下了第三个孩子以后，如果再生孩子就要把他们全都闷死，但是要奖励做出这种爱国行动的母亲们。你笑吗？但是，这本书确是由一

① 加雷尔，罗马皇帝，305—311年在位。——译者

② 见埃德莱斯当·都梅里尔：《预算案的哲学》第一卷第11页所引证的作者。

③ 托马斯·洛勃特·马尔萨斯（1766—1834），英国人口学家和政治经济学家。其主要著作《人口原理》提供要控制人口。——译者

位政论家兼哲学家严肃地写出来的，而且被一些最认真的英国作家们评述和讨论过；最后它是在公愤之下被当作一种残酷的但一点也不是可笑的东西而摒弃了。事实上，英国没有权利去笑这些嗜杀成性的疯狂，因为那时候英国被竞争的原则所迫，已不得不征收一种济贫税——另一种异常荒谬的极端措施。

下面摘录伊·布尔维所著的《英国与英国人》一书中的数字，供我们的读者们深思：

独立的按日计工的劳动者，用他的工资每星期只能购买122盎司①的食物，其中13盎司是肉类。

由教区担负其生活的壮健贫民，每星期得到151盎司食物，其中21盎司是肉类。

罪犯每星期得到239盎司食物，其中38盎司是肉类。

这就是说，在英国，罪犯的物质条件比受教区供养的贫民的物质条件较为优裕，受教区供养的贫民的物质条件又比从事劳动的忠厚老实人的物质条件较为优裕。这种情况岂不令人惊骇？可是这种情况却是有必要的。英国有一些工人，但是工人少于居民。既然在养活贫民或杀死贫民二者之间没有折中的办法，英国的那些立法者就在这两种办法之中采取了前者。他们没有加雷尔皇帝那样大的勇气，事情就是这样。还需要知道的是法国的那些立法者是否能以冷静的头脑去考虑从英国抄袭得来的工业制度所产生的可恶的后果！

竞争产生贫困：这是被数字所证明了的事实。

---

① 常衡一盎司合一磅的十六分之一。——译者

贫困的繁殖力非常惊人：这是被数字所证明了的事实。

穷人的生殖力把许多需要劳动而找不到劳动的不幸者投入到社会中去：这又是被数字所证明了的事实。

到了这种地步，社会只能作出这样的选择：杀死全部穷人或免费养活他们：不是残暴就是发疯。

Ⅲ　竞争是资产阶级崩溃的原因之一

我本来可以说到这里为止。但是一个和我刚才所叙述的社会相类似的社会是孕育着内战的。倘若无政府状态就在资产阶级的脚下，那么，资产阶级以为自己内部并无无政府状态而自豪，也是枉然的。即使我们对于作为资产阶级基础的东西避而不谈，难道资产阶级统治本身就不包含着即将到来的和不可避免的瓦解的一切因素吗？

按照亚当·斯密[①]和萨伊[②]派的经济学家的说法，“廉价出售”这个伟大的字眼概括了无限制的竞争的一切优点。但是为什么只是根据消费者从“廉价出售”中所得到的暂时利益去考虑“廉价出售”的结果呢？“廉价出售”，只有在生产者中间撒下最有破坏性的无政府状态的种子的情况下，才有利于消费者。“廉价出售”是富有的生产者用以打倒不太富裕的生产者的棍棒。“廉价出售”是胆大的投机者用以毁灭勤劳人们的一种陷阱。对于那些无钱购买一

---

① 亚当·斯密（1723—1790），英国资本主义发展初期的工场手工业时期的经济学家。——译者

② 让·巴蒂斯特·萨伊（1767—1832），法国资产阶级经济学家。他摒弃了亚当·斯密学说中的一切有价值的、科学的部分而利用了其中所有的庸俗部分。——译者

种价值昂贵的、而他的更富有的对手们却有办法购置的机器的制造商来说，“廉价出售”就是宣告他们死刑的裁决。“廉价出售”是高度垄断事业的执行者；鲸吞掉中型工业、中型商业和中等资产；总之，这是为了几个工业寡头的利益而毁灭资产阶级的方法。

难道“廉价出售”，从它本身来考虑，就应该受到人们的诅咒吗？谁也不会大胆支持这种荒谬的说法的。但是，坏的原则就是把好事受坏并贻害一切事物。在竞争制度下，“廉价出售”只形成暂时的和虚假的好处。当斗争还在进行时，“廉价出售”是被维持着的；而当最富有的人战胜了他所有的敌手时，价格就立即重新上升。竞争导致垄断：根据同一理由，“廉价出售”导致价格的暴涨。这样，在生产者中间曾是战争武器的东西，迟早会成为消费者们贫穷的一个原因。如果在这个原因上再加上我们已经列举的一切原因，首先是人口的过度增加，那么我们就应该很好地承认，消费者大众的贫困是直接由竞争产生出来的。

但是，从另一方面来说，这种趋向于吸干消费源泉的竞争，推动生产达到一种高度的活跃。普遍对立所产生的混乱状态使每个生产者都不能对市场有所了解。他应该靠着侥幸来把他自己盲目制造出来的产品销售出去。尤其是当每个生产者可以把自己的损失通过那种非常有伸缩性的工资转嫁到工人身上去的时候，他为什么要对他自己有所节制呢？甚至是赔本生产的，也不肯不继续生产下去，因为这些人不愿意丧失他们的机器、工具、原料、建筑物的价值以及尚存的顾客，并且因为在竞争原则的支配之下，既然工业只是一种碰运气的赌博，赌徒就不愿放弃掷几下交运的骰子所能使他侥幸得到的利益。

所以，我们应该强调这种结果是并不过分的，竞争迫使生产增长并迫使消费降低；所以，竞争恰好和经济学的目的相违背；所以，竞争既是压榨又是疯狂。

当资产阶级武装起来反对在他们打击下而垮台的那些旧势力的时候，他们宣称这些旧势力是处在神志不清和冲昏头脑的状态下的。好吧！资产阶级今天也到了那个地步；因为他们自己没有看出自己的全部血液已经外流，而且他们还用自己的双手撕裂着自己的肚肠。

是的，目前的制度威胁着中产阶级的财产，同时对穷人的生存也带来了一种残酷无情的危害。

谁没有看到"法国邮船公司"为了反对"拉斐特和卡雅尔邮船公司"同"皇家邮船公司"的联合而进行的诉讼呢？这是什么样的诉讼啊！虽然这件诉讼几乎没有引起人们的注意，它赤裸裸地暴露了我们社会情况的弱点！人们对它所加的注意远不如人们经常对于议会中钩心斗角所加的注意。但是，在这一诉讼中，令人惊讶和大惑不解的是人们没有能够从中得出自然地应得出的结论。这个问题涉及的是什么呢？两家邮船公司为了压倒第三家邮船公司而联合起来，它们因此而被控告。这件事引起了很大的风波。法律被违反了，这就是那条为了阻止强者对弱者的压迫而不许可联营的保护性的法令！这是怎么回事呢！那条法令禁止拥有十万法郎的人与另一个拥有十万法郎的人联合起来反对第三个拥有十万法郎的人，因为这样不可避免地会导致这第三者的破产；然而那条同一法令却又允许拥有二十万法郎的人向那个只有十万法郎的人进行斗争！试问，第一种情况和第二种情况的区别究竟在哪里呢？

无论是在第一种情况或在第二种情况下，难道不总是一个较雄厚的资本向一个薄弱的资本进行攻击吗？难道不总是强者对弱者进行搏斗吗？难道不是仅仅由于力量对比不平均就使搏斗成为可憎的吗？一位辩护律师在这件著名的案件中说过："每个人为了使别人破产，可以使自己破产，这是许可的。"在目前的情况下，他说的是真话，而人们也感觉到事情就是这样简单："每个人为了使别人破产，可以使自己破产，这是许可的！"

那些为现制度辩护的政论家们，当他们将信将疑地认为危险业已来临时，当他们像《宪政报》和《法国邮报》最近在文章中所表现的那样大声疾呼时，他们所主张的是什么，而希望的又是什么呢？

这两张报纸说："唯一挽救的办法就是彻底实行这一制度；对所有反对这个制度全面发展的东西，都加以毁灭，从而最后以商业上的绝对自由来促成工业上的绝对自由。"什么！这就是挽救的办法吗？什么！制止战争灾祸的唯一办法就是扩大战场吗？什么！在工业内部进行着的互相吞噬还不够，还得在这种无政府状态之上增加一种新的颠覆活动的无穷纠纷吗？他们要把我们引入混乱中去。

我们也不理解那些人想用怎样的神秘方法把两种相反的原则结合起来。把社团结合在竞争制度上是一种无聊的想法，这等于用两性人来代替太监。社团只有在普遍性的条件下才能构成一种进步。在最近几年中，我们曾看到创办了大批的合资公司。谁不知道它们丑恶的历史呢？无论是一个个人与另一个个人进行斗争，或是一个社团对另一个社团进行斗争，反正总是争斗和暴力的统治。然而,资本家集团之间又是怎样呢?这里是一些非资本家的工人,你把他们怎么办呢?你拒绝把他们当作成员,难道是想把他们当作敌人吗?

是不是有人说,动产的过度集中会分散继承原则而受到抑制并使情况不再严重化,而资产阶级的势力倘被工业所瓦解,就会通过农业而重新形成呢?这是错误的见解!土地产权的过度分散,倘我们不加注意,是会导致重新形成大地产的。设法去否认这一点是徒然的,因为土地分割成小块,那就是小耕农制,也就是说用铲来代替犁,也就是用老一套代替科学方法。土地的分割使农业不能利用机器,不能利用资本。没有机器就没有进步;没有资本就没有牲畜。在这种情况下,小范围的经营如何能抵抗大规模经营的竞争而不被兼并呢?这一结果还没有发生,因为土地的分割尚未达到极限。但是等着瞧吧!在等待期间,你们看到的是什么呢?所有的小土地所有者都是按日计工的劳动者,一星期中在家里做两天主人,其余的时间他就是邻居的“农奴”。他越增加他的土地,他就越来越接近农奴的地位。事实上,你也可以看看事情的经过是怎样发生的:某一个农民,自己只占有几亩贫瘠的土地,这几亩地由他自己去耕种,虽然每年使他可以得到最多不过百分之四的收益,然而一有机会,他还是要扩大他的土地的。他用百分之十、百分之十五到百分之二十的利息借来的钱,去扩大他自己的土地。因为在农村里虽然缺少信贷,高利贷却是不少的。这就可以猜想到那些后果了!130亿法郎,这是法国地产所负担的债务。这就是说,除一些成为工业的主人的金融家而外,又出现了一些成为土地的主人的高利贷者。因此资产阶级在城市里和乡村里都走向崩

溃。一切都在威胁着他们，一切都在炸毁他们，一切都在使他们破产。

像今天那样组织起来的或者不如说那样无组织的工业，在资产阶级内部，已经发生了可怕的道德沦亡的情况，关于这一点，我不预备多说什么，以免人云亦云，以免使真理成为空洞的理论。一切东西都成为可以买卖的了，并且竞争已侵入到思想领域中去了。

这样，工厂压倒手工业；豪华的商店并吞小商铺；独立自主的工匠被不自主的按日计工的劳动者所代替；用犁耕种土地胜过用铲耕种土地，并使穷人的土地落到高利贷者的可耻的支配之下；破产增加了；信贷的没有节制的扩张把工业变成一种赌博，在那种赌博中，谁也没有把握能否取得胜利，连骗子也没有把握；最后，这种只能在每个人的心灵里唤起嫉妒、疑忌、仇恨的广大的紊乱现象，逐渐扑灭了一切光明磊落的胸怀，逐渐使一切信义的、忠诚的、诗意的源泉都干枯了……这就是采用竞争原则所产生的后果；这是一幅丑恶而又极其真实的图景。

既然这种可悲的制度是我们从英国人那里抄袭得来的，那么，让我们就来看一看这一制度给英国的光荣和繁荣做了些什么。

Ⅳ　被英国的例子所谴责了的竞争

英国人曾说，资本和劳动是两个天然敌对的力量。那么应该怎样使这两者并存而又相辅相成呢？对这件事情只有一种方法：那就是工人永远有工可做；而业主在产品畅销的情况下，得到公公道道地支付劳动工资的钱财。问题不就解决了吗？当生产无限活跃而消费又无限伸缩性时，谁还有理由来抱怨或企图抱怨呢？工人们的工资将永远够用，厂主们的纯利将永远是可观的。让人类的活动无限地发展吧！并且不让任何东西来妨碍它的活力。让我们大胆而毫不顾虑地宣布放任政策吧！英国的生产是否太单调，以致不能长期给贸易提供久远的前途呢？好吧！我们就来训练水手，建造船只，使我们可以在全世界进行贸易。我们住在一个岛上吗？好吧！我们可以到各大洲去靠岸。我们农业所提供的原料数量过于有限吗？好吧！我们就到世界边缘去寻找工业所需要的原料！全世界的民族都成为英国产品的消费者，英国则为全世界的各族人民而劳动。生产，不停地生产，利用各种方法来刺激其他国家从事消费；英国的全副力量就放在这项工作上；那就将使英国发财致富，使它的后代的天才得到发展。

这是何等庞大的计划！这几乎是一个既自私自利而又荒谬绝伦的计划，而且这就是最近两个世纪以来，英国以一种难以置信的毅力所推行的计划。嘿！当然，蜗居在这样一个贫瘠多雾的小岛上的英国人，一旦离开那里，就以商品而不是以军队去征服世界；几千条轮船驶向东、西、南、北各方；教导很多国家去享受它们自己的财富；把欧洲的产品卖给美洲，把印度的丰富的物产卖给欧洲；使各国依赖英国的存在而生存下去，并且通过世界贸易的无数联系把这些国家系在它的腰带上；英国发现黄金是一种可以与利剑相比的力量，发见庇特①是一个使胆大妄为的拿破仑也会踟蹰不前的人物；这一切组成了使人眩目而惊异的伟大气概。

但是，英国为了达到它的目的，什么事情干不出来呢？它那贪婪的欲望和狂热的妄想有什么止境呢？难道还必须回忆它如何侵占了埃塞奎博和苏里南，锡兰和德摩拉里，托贝戈岛和圣·卢西亚，马耳他和科福②，而把世界囊括在它那庞大无边的殖民地罗网里吗？大家知道，自麦逊条约③以来，它是怎样在里斯本建立起它的势力的，而且它是通过怎样的滥用强权而在印度建立起它自己的商业暴政的，这是在荷兰的势力范围之旁，混杂在由瓦斯哥·达·伽马④和

① 威廉·庇特(1759—1806)，英国政治家，是反对革命的法国以及后来拿破仑的法国的欧洲国家联盟的主要组织者之一。——译者

② 埃塞奎博，英属圭亚那的一道河；苏里南，荷属圭亚那的一个地区；德摩拉里，英属圭亚那的一道河；托贝戈岛，英属西印度联邦的东南岛屿；圣·卢西亚，英属西印度群岛的中部岛屿；科福，伊奥尼亚群岛(希腊)的第二大岛。——译者

③ 约翰·麦逊(1650？—1706)，英国政治家。1703 年与葡萄牙签订麦逊条约。该条约对英国商人甚为有利。——译者

④ 瓦斯哥·达·伽马(1469—1524)，葡萄牙航海家，他发现了通往印度的航路。为了征服印度，三次到达印度。他的发现，先后成为葡萄牙人及其他欧洲人的掠夺性殖民政策的起点。——译者

阿尔比克尔克[①]所缔造的殖民残迹中建立起来的。此外，谁都知道它的贪欲给法国所造成的祸害以及通过怎样不择手段的和背信弃义的挑衅性战争在血泊中推翻了西班牙在南美洲的殖民统治。还有，对于很久以来给英国保证海上霸权的那些暴力行为，我们又能说些什么呢？英国曾经尊重或者甚至承认过中立国的权利吗？它所实施的封锁禁运不是已经成为一种最蛮横的暴政了吗？它不是把船舶检查权变成一种最恶劣的海盗行为吗？这一切都是为了什么呢？让我们再重复说一遍，这就是为了获得供工业用的原料和销售市场。

两个世纪以来，这种思想完全是英国的主导思想，因此，英国在自己的殖民地经常使人们不去种植像稻米、甘蔗、咖啡等等那样的生活必需品，而积极地推动他们去生产棉花和蚕丝。但是怎么样的呢！英国在粮食进口方面规定了特别高的和(假如可以这样说的话)杀人不见血的税额，而一切原料则几乎可以自由进入它的所有港口；这真是一种丑恶的不正常的状态，以致律比雄先生曾经这样说过："在世界各国中，英国人是劳动得最多而吃得最少的。"

的确，这就是这种冷酷无情的政治经济学所必然导致的结果。李嘉图[②]曾殷勤地建立了这一政治经济学的前提，而马尔萨斯则以这样冷静的头脑从它那里得出了那种可怕的结论。

这一政治经济学本身就带有罪恶，它必然要使世界和英国遭到不幸。它以专心致志寻找消费者，也许应该补充说，寻找能够付

① 阿尔奉苏·阿尔比克尔克(1453—1515)，葡萄牙的航海家和侵略者，曾把印度沿海的许多土地变为葡萄牙属地。——译者

② 大卫·李嘉图(1772—1823)，英国的古典政治经济学家。——译者

钱的消费者作为基本政策。倘若不给人们以满足欲望的能力，那么，唤起这种欲望又有什么用呢？英国为了想把一些民族作为消费者而以自己的活动代替其他民族的活动，就终于使这些民族破产，因为它吸干了他们的一切财富的源泉——劳动，这不是很容易预见到的吗？而英国人使自己专门成为生产者，他们能不能希望他们的产品始终在专门从事消费的民族中畅销呢？显而易见，这种希望是不明智的。总有一天，英国人会在使别人死于饥饿的同时使他们自己死于饱胀的。总有一天消费者的民族再也找不到可供交换的物资，这对英国来说，就会因此发生销路堵塞、无数工厂倒闭、工人群众贫困以及信贷总动摇等等的后果。

如果要了解缺乏远见、生产的盲目性会达到什么样的地步，那就只要参考一下英国工业史和商业史就够了。有时，英国商人把滑冰鞋运到从未见过冰的巴西去[①]，有时，曼彻斯特在一星期内把过去二十年间所没有消费完的更多的商品运往里约热内卢[②]。生产在扩大自己的资源、耗尽自己的精力的同时，经常是不去注意可能的消费方法的。

但是，再说一遍，一个国家如果把支配自己的劳动成果的责任放在别国身上，就是逐渐掠夺别国的资本，就是使它变得穷困，因而就使它愈来愈缺乏消费的能力，因为人们只能消费他们的能支付代价的物品。英国需要一些国家来消费它的产品，而它却使这些国家普遍穷困起来，这就是恶性循环。英国在这一

① 毛胡:《巴西旅行记》。

② 同上。

循环中已经转了两个世纪了;你看,这就是英国制度的罪过、深重而无法补救的罪过。这样(我们所以强调这一观点,是因为这一观点特别重要),英国就处于这种史无前例的奇怪情况中,那就是它被两个同样有效的破产原因所支配着:即其他国家的劳动和它们的不积极劳动。前者可以给它造成一些竞争者,而这种竞争者是它所不能永远战胜的;后者则剥夺了它所不能缺少的消费者。

这就是在小范围内已经发生而在较大范围内不可避免地也会发生的情况。英国的产品增加得那么多,而预定作为交换这些产品的物资数量却达不到上述增加的比数,这一事实使它遭受多大损失呢?有多少次,英国按照预计的数字进行生产而由于情况的变化以致受到惨痛的惩罚呢?人们不会很快就忘记那次重大危机,它成为英国人在墨西哥到巴拉圭之间的地区上所进行的阴谋的惨重失败。消息刚传到英国说,南美给工业冒险家提供了自由活动的园地,立即就举国欢腾,全都跃跃欲试。这曾经成为全国性的狂热。在英国,生产从来没有达到如此疯狂的程度。据那些投机者说,在几天内,用几只轮船,就可以把美洲所蕴藏的无限财富运进大不列颠来。信心很高,以致那些银行也迫不及待地铸造辅币以期捷足先登。这次大规模运动的结果是什么呢?人们对于一切都计算到了,只是没有计算到交换物品的存在与否和运输上的便利问题。美洲有着它的黄金,而黄金却不能从矿中开采出来;而受到烧杀的国家,既无法提供棉花,也没有靛青来交换人们给它运来的商品。这一荒唐玄妙的事件,使英国人付出无数的代价和眼泪,这一点,英国人知道,欧

洲人也知道。

人们千万不要认为我们是以个别的例子作为常规而论证的。我们指出的这一罪过产生了它本身所具有的一切害处。因为，一方面英国在国外用尽了难以想象的力量使全世界都受它工业的支配，另一方面它国内的情况给细心的观察者提供什么样的景象呢？工厂接连开设；发明相继而来；北方的高炉被西方的高炉挤垮了；工业人口在无限制的竞争的多种刺激下无限度地增长着；供人们食用的牛的数量远不及人们必须饲养的马的数量；施舍的面包逐渐代替劳动所得的面包；济贫税实行了，可是贫民的人数到处增加；最后，英国向惊讶而愤恨的世界展示了一幅贫富悬殊的图景：这些就是国家以自私自利的原则为政策而造成的必然结果。这个原则就是英国必须不惜任何代价到处去寻找商品的消费者。

为了形成这些灾祸性的结果，英国不是干着很多非正义的行为、鼓动叛乱、挑拨离间、制造战争、收买罪恶的同盟并攻击各种高尚的思想吗！

但是，我不再往下说，不去说完这段阴暗的历史，这是为了避免别人责难我，说我有意侮辱这一坚强而古老的英国民族。不，尽管英国给全世界和我国造成了灾害，但是我既不愿意也不能忘记的是：英国也能在各民族的历史中占有几页不朽的篇幅；英国比欧洲各国先获得了自由；英国的法律，即使处在贵族压迫的桎梏下时，还能给予人类的尊严以惊人而庄严的尊敬；这是从英国的内心所发出的最猛烈最强有力的呼声，来反对宗教裁判所的暴政以及和它相结合的罗马教会的暴政；就是到了今天，它还是没有使政治上的狂暴把它变成使弱者不能存身和遭到杀害的唯一国家。最后，唉！贫穷而高贵的被放逐者们，没有被战败却受了伤的大力士们，这是在那里，你们终于找到了避难所；在那里，你们重振了我们残余的事业；在那里，你们享受着心灵生活和精神生活，而这些是你们处在大灾难的情况下，你们的敌人的愤怒让你们保持的唯一东西；从那里，你们在思想方面也追随着我们，而我们却和你们几乎是同样地不幸、同样地被放逐似的；因为我们只能偶然在自己的周围找到祖国。我们固然生活在祖国，但是，唉！看到她这样受到委屈，我们不再能认识她了！

此外，英国已经得到了全面的报应。一个近代的政论家曾经说过，报应是一部对每个人和对每个民族都适用的刑法法典。这一真理被英国的历史沉痛地证明了。今天英国的强盛达到什么地步了呢？它已经失去了海上霸权。它在印度的财产受到威胁。还在不久以前，英国贵族几乎为土鲁斯①的战胜者执镫，他们不敢再把他叫做是滑铁卢②的战败者了。

而世界上这个最有势力的最优秀的英国贵族阶级变成怎样了呢？让我们找一找他们的领袖人物吧。是不是一个无名画家的儿子林德赫斯特勋爵呢？还是被庇特封为男爵的棉纺厂主的儿子、罗伯特·皮尔爵士呢？或者还是韦尔斯利的爱尔兰族的衰老的代表惠灵顿勋爵呢？这些就是英国贵族阶级的领袖人物；就是这些

---

① 法国西南部的一个大城市，1814 年拿破仑的军队在这里战胜过英国军队。——译者

② 比利时的居民点。在布鲁塞尔以南。1815 年 6 月 18 日，滑铁卢一役，拿破仑被英荷联军和普鲁士军队击败。——译者

人领导着这个阶级，统治着它并代表着它。而这些人和英国贵族阶级并不是同一血统的！

有一天，维斯特敏斯特侯爵在上议院大声疾呼地说道："有人说，我们这些英国土地所有人可以牺牲我们收入的五分之一。说这些话的人，难道他们不知道其余那五分之四是属于我们的债权人的吗？"

这几句话显然有些夸大。可惜，太真实的是：在英国，采邑的不能出让就使贵族的大部分收入免于追诉，而这些收入却是无限庞大的。如果，这好像是确实的，这些收入对英国五百户上议院议员的家庭来说就高达一亿三千五百万英镑，而对男爵、爵士、绅士家庭的四十万人来说就高达十三亿英镑，那么，应该承认英国贵族从全世界剥夺来的财物中得到了相当可观的一部分。但是，人们已经看到了在英国商业上存在着多么大的威胁。贵族阶级既是所有工业合股公司的股东，人们可以预言，贵族不久就要开始受到物质上的惩罚。

至于对贵族精神上的惩罚，也没有比这更惨痛的了。这些大贵族的财富使他们受到无名的空虚的忧郁症的折磨，这是上帝赐予世界上大人物的一种疾病，好让他们也处在痛苦之中，而痛苦是加于一切人身上的强有力的严厉的教训！这些傲慢的贵族，在他们享受之中实际上所得到的是什么呢？他们所找到的是思想上的苦恼和心灵上的永远不安。于是他们就不得不逃避他们小岛的浓雾，挑着使他们感到厌倦的财富的担子，前往他们曾从那里夺得金钱的世界各处去散播这笔金钱。

现在，问题是要知道资产阶级的法国是否也要效法英国。问题是要知道法国为了给自己的强大工业寻找永远是新的原料，是否要想取代圣乔治宫在海洋上的那种可恶的统治。因为，对于一个伟大的民族来说，那就是竞争的逻辑所不可避免地要到达的地步。但是英国绝不会不动干戈就让别人把海上霸权夺走的。

V 竞争必然导致法英两国间的一场殊死战

如果要使两个民族间的同盟成为自然而然的，就必须使这两个民族在协议中相互提供利益；所以，必须使它们拥有非共同的富源，必须使它们在组织上和在目的上有所差别。法国和英国是两个强国，它们要依靠外国的供给而生活，并要求向外扩张；因而，它们之间的一切持久同盟就首先发生了障碍。罗马是用战争来扩张的，而当迦太基[①]意图用贸易在罗马面前扩张时，罗马和迦太基终于在世界各处遭遇，并且发生了冲突。

法英两国间的冲突是不可避免的，因为这两个国家的经济结构在今天是相同的，并且这两个国家已基本上成为航海的国家。统治着我们社会秩序的原则不就是无限制的竞争原则吗？无限制竞争的结果不就是不断地增长生产和进行冒险吗？为了给发展得如此迅速和如此不规则的生产去寻找日新月异的销售市场，难道不是需要在工业上去征服世界，并称霸海洋吗？

从我们摧毁了行会头子和小业主的那一天起，自然而然就提出了这样的一个问题：世界上出现了一个多余的国家，或者是法国

① 非洲一个繁荣的古代城市国家，是罗马的劲敌，后为罗马所灭。——译者

应当改变它的社会地位，或者是把英国从地图上划掉。的确，从那一天起，在这一长期的敌对情况上又增加了一些不寻常的复杂情况，这种敌对情况在十五世纪时，曾使贝德福德公爵来到巴黎①，使查理七世逃至布尔日②。1789 年，法国采用了英国政治经济学的一切传统，它按照英国民族的方式变成了一个工业民族。踏上了剧烈的竞争道路以后，它不得不到处开设银行，在各港口设置代理人。但是要和英国争夺海洋，这简直就是要英国的命。英国也分明知道这一点。从而就产生了由英国买通而组成的同盟；从而就产生了对欧洲大陆的封锁；从而就产生了庇特和拿破仑之间的可怕的决斗。但是，庇特已经死去，拿破仑受到了慢性的暗杀，斗争却仍然必须重新开始。也许只有一个办法可以避免这个斗争：那就是使法国基本上成为一个农业国，英国仍然是工业国。以上这些，我们的政治家们从来也没有怀疑过，梯也尔③先生最近在议会中说道："法国应该满足于做大陆国家中的首要国家，"这时，肯定连他自己也不知道这句话的重要性。因为倘若有人向他叫嚷，问他是不是要改变我们社会秩序的基础，他又怎样回答呢？不，尽管海洋多么广阔，而在这海洋上，却不能同时既有法国又有英国的地位，这两个国家是被同样的经济法则所统治着的，因此也受着同样精神的支配。既然这两个国家都想设法向国外扩张，既然它们

① 贝德福德公爵是英王亨利第六的叔父，英国于 1415 年在阿曾古尔地方战败了法国之后，他就任法国的摄政王。——译者

② 查理七世于 1422 年在布尔日加冕为法国国王，在他当政时，法国人民把当时占领着法国的英国人逐出法国。——译者

③ 阿道尔夫·梯也尔(1797—1877)，法国的政客和历史学家，摧残 1871 年巴黎公社的刽子手。——译者

只有在这种条件下才能生活下去,它们怎能不时常互相遭遇和发生冲突呢? 问题的症结就在这里。所以在最近的条约中,英国把法国排挤出去的动机也纯粹是贸易上的动机。关于这一点毫无疑问。帕默斯通勋爵[①]的报纸——《环球报》,说得更加明显。这家报纸说,倘若帕默斯通勋爵要冒一切危险和法国绝交,倘若他促使圣-詹姆士[②]的内阁利用叙利亚爆发的叛乱来反对穆罕默德-阿里[③],这是因为他看到使叙利亚在商业上受英国的保护对英国来说是多么重要。帕默斯通勋爵的计划很简单:他把叙利亚看成是东方的钥匙,而想把这柄钥匙放在英国手中。他们要和土耳其政府签订一个协议,根据这项协议的条文,叙利亚总督要完全按照英国政府代表的意见行动。英国首相,像人们可以看到的那样,对他的计划并不保守秘密。要给英国轮船打通三条可以通往印度去的航路:第一条经过红海,第二条经过叙利亚和幼发拉底河,第三条经过叙利亚、波斯和俾路西斯坦;英国的希望大致如此。有人认为,英国为了实现这些希望,竟肯把君士坦丁堡让给俄国。《环球报》坦率地说,这三条通往印度的航路一旦打开,沿途就会到处都是市场。因此,今天的英国仍然是旧日的英国! 今天像昨天一样,像以往一样,这贪得无厌的勇往直前的民族必须去寻找并且得到产品的消费者。英国有棉毛纺织品需要销售市场? 快些征服东

① 亨利·约翰·帕默斯通(1784—1865),英国反动的国务活动家。曾任外交大臣、首相等职。——译者

② 圣-詹姆士系指英王所居住的王宫而说的,这里的意义就是说"英国的内阁"。——译者

③ 穆罕默德-阿里(1769—1849),埃及的摄政王。——译者

方，好使英国负责供给东方衣着。这是否要使法国屈辱呢？对英国来说，完全不是这回事，实在说来，这是它的生存问题；而它只有在通过自己的商人去奴役世界的条件下才能生存，因为这是它的经济体制需要它这样做的。

倘若竞争的原则仍然坚持下去，无论对英国或对法国来说，这都是生死存亡的问题。所以，竞争必然给世界带来骚扰。假如法国为了民族自由而动武，那么所有勇士都会衷心拥护的；但是是否要从而造成追随英国残暴的后尘呢？如果最后的目的只是为了征收济贫税，那是不值得去掠夺全世界的。

目前的社会秩序是不好的，应该怎样改变它呢？

按照我们的看法，让我们来说明什么样的挽救方法是可能的。不过我们事前要向读者声明，我们下文指出的那种社会秩序的基础，是我们只把它看做过渡性质的。

结论:按照我们的意见,人们可以用什么方法来组织劳动

政府应当被认为是生产的最高调节者,并且为了完成它的任务,被授予一种巨大的权力。

这项任务就在于利用竞争的武器去消灭竞争。

政府可以发行一笔公债,用这笔公债的收入在国家工业的最重要部门中创办一些社会工场。

这种建设需要投入大量的资金,因而初建的工场数字要受到严格的限制;但是,正如我们下面会看到的那样,这些工场根据它们本身的组织就具有庞大的扩张力量。

既然把政府看做是社会工场的唯一创办人,那么,当然要由它来制定规章。而这种制定的规章经全国代表大会讨论和表决后,就具有法律的形式和效力。

在最初为了购置劳动工具而征集的资金的范围内,所有道德上有保证的工人,都可以被征召到"社会工场"去劳动。

虽然现在这一代人所受到的错误的和反社会的教育,使人们在增加收益的办法以外,很难找到起竞赛和鼓励作用的因素,但是工资将是平等的,一种完全新型的教育定会使思想和风俗习惯发生改变。

社会工场成立后的第一年，由政府指定各级人员。一年以后就不再如此了。工人们既然有时间可以互相鉴定，并且，正如我们将看到的那样，他们既然都关心社团的成功，那么，各级人员就可根据选举原则产生。

每年都要结算纯利润，把它分为三份：第一份按照社团成员的人数平均分配；第二份专门用于：1）老、病、残废者的抚养；2）减轻其他工业所遭受的危机，因为所有工业都应互相帮助，互相支援；最后，第三份则用来为志愿参加社团的人购置劳动工具，这样，社团就可以无限地扩展。

在那些可以进行大规模经营的工业的每个社团中，可以招收一些属于某种职业的工人，这些职业由于本身的性质，不得不分散而且又局限在一地。这样，就使每个社会工场都由各种不同的职业所组成。这些围绕着一个大工业而组织起来的各种职业成为同一整体的各个不同部分，它们都须服从同样的法律，并分享同样的利益。

社会工场的每个成员都有随意处理自己工资的权利，但是由于共同生活的显而易见的节约和不容置辩的优越性，不久就会从劳动的社团中产生出那种自愿参加的关于需要和享乐的消费社团。

资本家也可以被邀请参加到社团中来，并且可以支取他们投资的利息，这种利息是在预算案中得到保证的；但是他们只能以工人的身份分得利润。

一旦社会工场按照这样的原则建立起来，我们完全可以看到它所能产生的结果。

在主要工业，例如机器工业、丝绸工业、棉纺工业或印刷工业中，都会有一个社会工场和私人工业进行竞争。这一竞争是否能长久继续下去呢？不能。因为社会工场比起一切私人工厂来，有它的有利之处，这种有利之处是共同经济生活的结果，并且是一种组织方式的结果，在这种组织方式中，所有工人都毫无例外地关心着生产得好和生产得快。这一斗争是不是破坏性的呢？不是的，因为政府总是采取办法来阻止这些工场的产品价格降低到最低水平，以减弱斗争的效果。而今天，一个非常有钱的人和不十分富有的人决斗时，这种不平等的斗争只能是带有灾难性的，因为个人永远只是追求他的个人利益；假如他比他的劲敌以便宜两倍的价格出售他的产品，就能使他的敌手破产，并独霸市场，那他一定会这样做的。但是，当政权本身处于个人的地位时，那么情况就不同了。

我们所要建立的这种政权，是否会对于打乱工业、动摇一切生计感到兴趣呢？由于它的本质和地位，政权原来就是保护者，而在为改变社会的目的而同某些人进行神圣的竞争时，它还是这些人的保护者，这难道不是真的吗？因此，在一个大资本家今天向一个小资本家宣战和在我们制度中的政权向个人宣战之间，是不能相比的。第一种战争必然会使用诡计、暴力以及非正义本身所带来的一切不幸；而第二种战争的作战方式则是不粗暴、不破坏，并且只是用这种方法来达到它的目的，就是用社会工场来逐步而和平地兼并那些私营工场。政府不会像今天的一切资力雄厚的资本家那样，充当市场的主宰和暴君，而是将成为市场的调节者。政府使用竞争的武器，不是为了用暴力来推翻私营工业——这正是政府所极力要避免的事——,而是为了不知不觉地把私人工业带到组合中去。的确,如果一个社会工场在任何工业中建立起来,那么人们就会看到,无论是工人或资本家都将为了这种工场给社员所提供的利益而奔向它那里去。在一定的时间以后,人们将会看到有利于社团原则的没有强夺、没有不公正行为、没有不可挽救的灾害的现象,而在今天所产生的现象则是非常可悲的,并且由于暴政,它服务于个人主义。今天,一个非常富有的工业家可以狠狠地打击他的对手,而把他们当场打死,这样他就能垄断一个整个工业部门。在我们的制度下,国家逐渐成为工业主人,而我们成功的结果将不是垄断,而是竞争的消灭:那就是社团。

让我们假设在一个工业的特殊部门中已经达到了目的;让我们假设那些机器制造商有意为国家服务,这就是说,有意服从共同管理的原则。既然同一种工业并不总在同一地点生产,而且既然它有不同的中心,那么,就有可能在所有属于同一种工业的各个工场之间建立一种在每个个别工场中已经建立起来的社团制度。因为在消灭了个人与个人之间的竞争以后,再让竞争存在于团体与团体之间,那是荒谬的。所以,在政府已经能够控制的每一种劳动领域内都要有一个中心工场,而其他一切工场则都作为附属工场而隶属于它。正如罗特希尔德先生[①]不仅在法国,而且在世界各国都拥有企业,这些企业和总事务所所在地互通消息,同样地,每种工业都有一个总办事处和它的分办事处。从这时起,再不会有竞争了。在属于同一工业的各个不同生产中心之间,利益是共同

① 见第23页注①。

的，而力量的集中将代替一切破坏性的力量的敌对。

我不再强调这一结构的简单性，这种简单性是明显的。事实上，你们可以注意到在第一年之后，每个工场都可以自给自足，而政府的任务只限于监督如何去维持一切同类生产中心之间的关系，并制止对于共同规章原则的破坏行为。今天，没有一个公共机关不是比以上所说的更复杂百倍的。

试想一下，假如每人原来可以随意负责带送信件，而政府突然宣称："让我来，让我单独来办理邮政事业！"该有多少人反对啊！政府怎么能够在规定的时间内，正确地把三千四百万人每天每分钟可以写的信送到三千四百万人手中呢？然而，除了某些不是由于机构的本质而是由于我们的政权至今所存在的结构不健全而产生的缺点外，大家都知道，邮政工作是以多么惊人的准确性来完成的。我不谈我们的管理制度以及这个制度所要求的一切机构的错综复杂性。然而你们看这个庞大的机器的活动该有多么大的规律性呢？的确，正如大家所说的那样，是分工和再分工的方法使表面上看起来是最复杂的机械装置自行开动起来的。怎么！怎能认为在一个国家里不可能使劳动者行动一致呢？而人们看到，约二十年前，在那里一个人能用他的意志来鼓动一百万人，使这些人按照他的生活来生活，并按照他的步伐前进的。的确，这是为了进行破坏。但是，既然共同进行破坏是非常容易的，难道在事物的本质中、在上帝的意志中、在社会的注定命运中，就不可能共同进行生产吗？此外，我再重复一遍，从实行困难的角度所提出的非难在这里并不是严重的。我们要求国家用它所拥有的富饶的财富和各种各样的手段，来做我们今天由一些个别的普通人所做的事情。

我们从一个工场的全体工人的团结一致形成同一种工业的各个工场的团结一致。为了使那个制度完整起见,就应该形成各个不同工业之间的团结一致。为了这一点,我们就从每个工业已经实现的利润分配额中抽出一笔款项,国家用这笔款项就可以援助那些受到突如其来的或特殊的情况的袭击的工业。此外,在我们所建议的制度中,危机一定要少得多。今天大部分的危机是从什么地方产生的呢?是从一切利害冲突的残酷战斗中产生的,这种战斗既然造成一些战胜者,就不能不造成一些战败者,并且像所有的战斗一样,它把奴隶套在战胜者的战车上。消灭竞争,就可消除它所孕育的灾祸。不再有胜利;就不再有失败。从此,危机就只能从外而来。所以也就只需防止这些外来的危机就够了。和平和同盟的条约对此无疑地是不够的;然而,倘若人们以一个建立在工业需要和世界各地劳动者的相互便利的基础上的同盟体系,来代替这一可耻的外交——这种虚伪、欺骗和卑鄙的斗争,它是以几个幸运的强盗瓜分各民族为目的的——,那么,该能避免造成多少灾难呢!但是,我们应当注意的是,只要那种吞食着我们工业的无政府状态继续存在,这种新的外交政策就不可能实行。从几年来进行的许多调查来看,就显得非常清楚。怎样的凄惨景象我们没有见到呢?这些调查不是已经给我们指出,殖民者武装起来反对制糖商、机器工人反对铁厂主、港口反对内地的制造厂、波尔多反对巴黎、南方反对北方、所有生产者反对一切产品的消费者吗?在这些异常混乱的情况下,政府又能做些什么呢?一些人所迫切要求的东西,就是另一些人所愤怒地拒绝的东西;使这些人得以生活的东西,就是使另一些人死亡的东西。

显然,这种在利益之间的缺乏团结一致就使国家不可能有任何预见性,并使国家在它和列强的一切关系中受到束缚。对外用军队,对内用宪兵,今天的国家没有别的行动办法,而它的整个效用必然只限于摧毁一方以防止摧毁另一方。如果国家坚决地着手领导工业;如果它能把所有的力量集中起来;如果它围绕着同一原则把今天一切敌对的利益重新联合起来,那么,它的对外行动怎能不是更加明确、更有收获和更加庆幸地具有决定性呢?重新组织劳动,不仅会预防在我们当中爆发危机,而且在很大程度上还会预防那鼓起我们船帆的风所给我们带来的危机。

我是否需要继续列举新制度所产生的优点呢?在我们所处的这个工业世界里,一切科学上的发明都是灾害,首先因为机器排挤了那些为了生活而需要劳动的工人,其次,因为有多少机器就是有多少杀人的武器,给予有权利、有能力使用机器的工业家去反对没有这种权利或能力的人们。在竞争的制度下,谁一谈到新式机器,谁就谈到垄断,这点我们已经证明过了。但是,在社团和团结一致的制度下,不再有发明的专利权,不再有专利的专用权了。发明者由国家给予奖励,他的发明很快被大家使用。因此,今天的毁灭性的工具将成为普遍进步的工具;今天使工人陷于饥饿、绝望并促使他起来反抗的东西,将只成为用来减轻他的工作负担并给予他以足够的空闲时间去锻炼他的智慧的东西。总之,以前助长暴政的东西都将有助于博爱的胜利。

我们今天置身在不可理解的混乱中,在这种情形下,商业并不从属于也不能从属于生产。既然一切生产都归根结底为了寻找消费者,而所有生产者都致力于争夺消费者,那么,怎么能免除经纪

人、掮客、买卖人和小贩呢？商业就这样变成了生产的蛀虫。介于劳动者和产品消费者之间，商业统治着这两者，并利用一方来统治另一方。傅立叶[①]有力地攻击了目前的社会制度，以后，他和他的门徒维克多·孔西代朗以一种不可抗拒的逻辑赤裸裸地揭露了人们称之为商业的这一社会的大祸害。商人应该是生产的一个代理人，分享生产的利润，并与生产的有利与否休戚相关。那就是理智所要指出的，也就是全体利益所迫切要求的。在我们所建议的那个制度中，没有比这点更易于实现的了。由于在一个特定的工业中消除了各个生产中心之间的对立情况，这个工业就像今天的那些重要贸易公司那样，到处都有根据消费需要而设立的商店和仓库。

信贷应该是什么呢？应该是给劳动者提供劳动工具的一种方法。而今天呢，正如我们在别处所指出的那样，信贷完全是另一回事[②]。银行只把款子借给富人。即使银行也愿意把钱借给穷人，它也不能这样做，否则它就会堕入深渊。所以，无论如何，以个人观点建立起来的银行永远只能是一种设想周到的使富者更富、强者更强的方法。垄断总以自由的外表出现，暴政则总以进步的面貌出现！我们所建议的组织直截了当地消除了这么多不公平的事情。特别地和不可变更地专门用于招募工人以扩大社会工场的这一部分利润，就是信贷。这时候，你们还需要银行做什么呢？取消它吧！

当他的收入有了保证时，任何劳动者必然会有遵守秩序的观

① 夏尔勒·傅立叶(1772—1837)，法国空想社会主义者。——译者

② 参阅论文《银行问题》，载1839年12月1日的《进步杂志》。

念和预见的习惯,那时还怕会有人口过剩吗?为什么今天穷人比富有的人繁殖得更快呢?关于这一点我们已经说过了。

在一种制度下,每种劳动门类都把一定数目的人聚集在一起,他们被同样的思想所鼓舞,按照同样的动机去行动,有着共同的希望和共同的利益;试问,在这种制度下,伪造产品、投机取巧、漫天说谎、贪污舞弊等等的行为还有什么存在的余地呢?而今天,每个生产者和每个商人,既然必须不惜任何代价要抢走邻人手里的顾客和他的财产,就不得不去做上述的那些行为。所以,在这里,工业的改革实际上是一种深刻的道德革命,并且,它在一天之内所能完成的转变,要比讲道者的说教和道学家的一切劝诫在一个世纪内所做到的还要多。

刚才所谈到的有关工业的改革将使我们充分预见到,我们所要见到的农业改革将按照什么原则并在什么基础上进行。滥用旁系亲属的继承权,这是尽人皆知的事实。这种继承权将要被取消,继承财产所包含的价值将要被宣布为公社财产。这样,每个公社就可以形成一片不得转让的庄地,并且,由于这种庄地只能扩大,就能在既不造成痛苦也不发生强夺的情况下导致一次庞大的农业革命;公社庄地的经营应该以较大的规模并按照和管理工业的法令相符合的法令来进行。我们以后再谈这个问题,这个问题还需要加以阐述。

在目前的制度下,我们已经知道人民的子女为什么不能受到教育。而在我们的制度下,受教育的可能性很大,所以我们必须使教育成为义务的同时是免费的。既然劳动者的生活有了保障,他的工资也够开支,他有什么权利拒绝让自己的子女入学呢?很多严肃的思想家认为，今天在人民的队伍中来推广教育是危险的，他们的这种看法是对的。但是，他们怎能不看到这种教育的危险正是我们社会制度不合理的有力证据呢？在这个社会里，一切都是虚假的：劳动不受尊重；最有用的职业被人蔑视；一个劳动者至多只不过是受人怜悯的对象；然而，一个舞女却会博得无数的花冠。这就是为什么人民的教育是危险的理由！这就是为什么我们公立中学和一般学校给社会栽培出来的人只是一些野心家、一些不知足的人和一些草包。但是，应该教育人民去阅读好的书籍；教育人民使他们懂得最有利于全人类的东西才是最可尊敬的东西；使他们懂得在社会中只有艺术而没有手艺；使他们懂得没有比那些本质上就是为了腐蚀灵魂、向灵魂灌输骄傲的毒素、使灵魂远离博爱的实践并传播自私自利思想的东西更加值得轻蔑的了。然后，应该给人民的子女指出，社会是受他们学到的原则所支配的。难道这样的教育是危险的吗？人们把教育看做是能满足一切愚昧虚荣和空洞自负的垫脚石，因而人们就咒骂教育！有人参照坏的实例写出坏的书籍，因而有人认为有充分的权力来禁止别人阅读坏书！多么可怜啊！

让我们综述一下。应该进行一次社会革命的尝试：

1. 因为目前的社会秩序充满着太多的不公平、贫困、卑鄙，因而不能长久存在下去；

2. 因为不论一个人的地位、等级、财产如何，他不会不关心一个新社会制度的建立的；

3. 最后，因为这是一次十分必要的革命，所以有可能甚至不难以和平的方式去使它实现。

在革命使我们进入的那个新世界中,为了使博爱原则完全实现,可能还应该做一些事情。但是,这一切都是教育的事业,至少就实现博爱原则这一点来说就是如此。人类业已远离他的目的,以致我们不可能在一天之内就达到这个目的。我们至今还受其束缚的腐朽的文明打乱了各方面的关系,同时也搅乱了所有的思想,并且毒化了人类智慧的源泉。不公平变成正义;谎言成为真理;人们在愚昧无知中相互毁灭。

很多错误思想应当加以摧毁:它们将被消灭,我们对此不应当有所怀疑。举例来说,总有一天人们会承认,谁从上帝那里得到较多的力量或较多的智慧,谁就对自己的同类要担负较多的责任。于是天才不再是通过他对社会所争取的巨额报酬,而是通过他对社会所尽的伟大义务来确定他的合法地位,这是他的本分。因为,禀赋的悬殊不应归结为权利上的不平等,而是义务上的不平等。

这一制度,其基础还刚奠定,而自公布以来,就引起了很多的责难。这是必然的。今天在所有人们的头脑里,对新事物有着小心翼翼的自然倾向。

然而,把我们的学说作为对象的那些批评,一般地具有一种恰如其分和不偏不倚的突出特点;这些批评甚至对于我们的努力的性质和目的表示了强烈的同情①。

① 关于这一问题,我们不应忘记的是,这本书被禁止以后,曾经攻击本书学说的《世纪报》就以最大的毅力起来反对那次追诉。毫无疑问,要使法院正确而迅速地纠正检察机关的错误,固然无需这样大的力量;但是我们仍然不应该不向《世纪报》的总编辑尚博勒(Chambolle)先生表示感谢,因为他在这种情况中曾给予我们以高贵的和友爱的支持。

我们所谈的这些问题具有一种特别的重要性；要解决它们，当然有巨大的困难。所以我们也只把这本书作为耐心和认真研究的结果来贡献给大众。如果我们犯有错误，就请给我们指出；我们的信心是坚定的，但我们也并非这样自负，认为这些信心是根本不可动摇的。

对各种批判的答复

我们将逐一研究人们曾经向我们提出的批判，并且，为了不致削弱这些批判的力量起见，我们把它们的原文转载在这里[①]。

请看米歇尔·舍伐利埃先生是用什么样的话来解释我们的制度的。[②]

“让我们直接研究这本书的内容而不去研究它的形式，也不加以评定。该书阐述的制度是公众所关心的。这就是在某些人头脑中所孕育的一些观念，除略有出入外，有些作家是不约而同地支持这些观念的，人们目前正在设法使这种观念在工人阶级之间得到信任，并且已在工人阶级中找到一部分拥护者。根据路易·勃朗先生作为解释者之一的该学派的观点，劳动组织就是由国家拨款开办社会工场，首先在国家的最重要的工业部门内创办，然后相继在其他各部门内创办。国家制定社会工场的章程；交由全国代表大会讨论，通过后，就发生法律的效力。

“一切在道德上有保证的工人，都可以被招募到社会工场中去

① 直到目前为止，曾讨论我们计划的报刊，计有：《世纪报》、《宪政报》、《喧哗报》、《法郎吉报》、《阿韦龙省和罗得省评论报》、《环球报》、《十九世纪评论报》、《商业报》、《人民日报》、《两种世界评论》、《车间报》、《辩论日报》等。

② 见 1844 年 8 月 21 日的《辩论日报》。

工作。

“第一年，由政府来安排各级人员，但在这一年以后的期间，工人既然有了充分时间可以互相鉴定，各级人员就可以根据选举原则产生。

“纯利可以分为三部分。一部分由社团成员平均分配；第二部分专门用来扶养老、病和残废者，并用来减轻其他工业所遭受的危机；第三部分则用来扩大工场，给那些愿意参加工场的人提供劳动工具。

“在那些可以进行大规模经营的工业的每个社团中，可以招收属于某种职业的人——这些职业由于它的性质而不得不分散开来和局限在一处。这样，就可以使每个社会工场都由各种不同的职业所组成，这些围绕着一个大工业而组织起来的各种职业成为同一整体的各个不同部分，它们都须服从同样的法律，并分享同样的利益。

“工场成员之间的工资是不平等的；但这种不平等是暂时的。按照路易·勃朗和他的朋友们所了解的平等和博爱的意义来说，在经过了一段时间，教育把人们的思想都准备好了之后，所有的工资都将变成相等的。

“社会工场的每个成员都有随意支配自己工资的权利；但是，不久就会从生产的社团中产生出自愿参加的关于需要和享乐的消费社团。

“资本家也可以被邀请参加社团，并且可以支取他们投资的利息，这种利息是在预算案中得到保证的；但是他们只有以工人的身份才能分享利润。

“不久，私人企业、小业主和工人，将成批地要求加入社会工场，并且由于这些社会工场的竞争能力是相当强烈的，所有的人都把能参加社团看成是一种照顾。从此，在一个或长或短的期间后，零散的工业就将消失，今天蹂躏着世界的竞争也将从世界上消逝；黄金时代将闪烁着光芒，阿斯特里[①]就将统治世界。

“这就是这一制度的忠实的摘要。在摘录路易·勃朗先生的论述时，我们尽可能地采用了他的原文。

“这一制度以值得赞扬的情感出发，就是要消灭无限制的竞争所带来的令人烦恼的后果。五十年来，几乎无限制的竞争已成为工业上的法则；在这种竞争的后果中，有些灾难性的后果压在所有的工业阶层上面，压在工人身上也压在工厂主的身上；有些后果是人们所悲叹的，是为公共道德所谴责而要加以消灭的。不稳定、不景气、欺诈、暴力，经常是这一种制度的特征，我们也曾加以揭露，并且要求提出对它们的补救办法。但是，我们和一些有智慧、有理智的政论家一起把这些缺点看做是世界上最近实施的但实施得不彻底的一个新原则所产生的良好后果中的一些烦恼的后果，这一个原则就是自由的原则，它是一个卓有成效的和不朽的原则。如果要增产果实，我们想，只需修去树上的废枝，以小心和熟练的手法把杂乱蔓生的枝叶除去。

“如果我们没有弄错，并且我们要求读者对此加以判断，路易·勃朗先生所属的那一急进学派却要人们把那棵树齐根砍掉。根据这种打算，不仅得到的果实少，甚至会一无所得：任何人都一

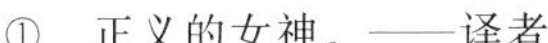

① 正义的女神。——译者

无所得。富人也会像穷人那样饿死。的确,路易·勃朗先生和他的朋友们的信念则正与此相反;他们自负地认为他们可以使另一棵壮丽的树生长出来,人类可以在这棵树荫下找到美满无比的游憩之处,而它的丰富的汁液可以供给人们一种鲜美的生活资料。让我们来研究一下,他们是不是弄错了。让我们来看看,他们有意栽植在地里的那棵树能否从地底下吸取到一些营养的液汁,它是否有生活力,人类本性的规律是否不会使它立刻枯萎和死亡。

“谁拟定一种改组社会的制度,谁就必然会受到正确的或不正确的哲学思想的启发,也受到对于人类心灵的或好或坏的论证的启发。当他目光浅短、思想贫乏时,他是不加考虑地接受影响的;而当他具有一个能够思考的头脑时,他是有意识地和深思熟虑地接受启发的。我们把路易·勃朗先生列在第二类之中,我们要向他请问他的出发点是什么。

“路易·勃朗先生的主导思想,就是那些时时刻刻在他的著作中透露出来的思想,不外以下两点:

“第一:人类社会如果不是绝对地、也至少是主要地可以用责任感来治理自己。个人利益只是次要的动力;社会的和个人的进步,公众的和私人的幸福的发展,并不一定要靠个人利益来发生作用。没有必要直接去刺激个人利益。一个间接的诱饵就足够了;个人利益并不值得人们更多地加以重视。谁谈起个人的、直接的、切身的利益,谁谈的就是贪欲。因而,路易·勃朗先生得出结论说,虽然社会工场的成员在很好地完成他们的任务时只得到集体的而不是个人的、间接的而不是直接的利益,他的那些社会工场还是会繁荣的。

“第二:社会的最后目的就是绝对平等。我们已经接近了这一目的;再加一把劲我们就会达到了。因此,在最近的将来,所有的人都可以得到平等的报酬。在社会工场成员之间,也就是说,在一切人与人之间的工资的不平等,只不过是一个暂时的意外事件,是全世界最高法则的暂时的例外;不久以后,由工资不平等所产生的差别就要被取消。以下就是他自己所说的:‘现在这一代人所受到的错误的和反社会的教育,使人们在增加收益的办法以外,很难找到起竞赛和鼓励作用的因素,但是工资的差别将根据职务的大小而定,一种完全新型的教育一定会使思想和风俗习惯发生改变。’

“但是,这两种主导思想根本上是错误的。建立在这些思想上的一切社会体系是一种幻想。人类的心灵是和路易·勃朗的观念相反的。他将对我说,人类的心灵是多么无聊。——可能是这样,但与其说人类的心灵是多么无聊,还不如说您的计划是多么无聊!人是怎样您就应该怎样来对待,而不要把他当成您所希望的那样来对待。在绝大部分人的心中和在绝大多数情况下,在日常生活的行动中,个人权利的感觉超过了责任感;利害关系的思想超过了牺牲的思想。个人权益的密切而直接的感觉是不断地活动着的动力;在实业界中,在工业的交换中,在劳动领域内,这一感觉指引着并将永远指引着人们。如果你加以抑制,工业就要萧条,并且就会停顿。此外,在艺术上也再没有进步,工人中也再没有热情,车间里也再没有生气了。法律和宗教向人们宣扬责任感,并把牺牲光荣化;对此,我们衷心表示感谢。一旦责任感消失,那么社会也就要灭亡。一旦牺牲与克己不受人类的尊重,那么社会就会腐败。但是权利感是会自行发挥作用的。在这一点上,我们每个人都是

权利感的说教者，并且可以发现自身是一个顺从的志愿入道者。与众不同的，是那些优秀的人物，也只有他们才不是这样。您可以替新西纳图斯[①]建立铜像，您可以对殉道者奉献花圈，但是您不能希望人类在实际生活的习惯行为中，在饭碗问题上，把以上两种人的克己精神当做模范。而且，我以为，就是上述两种人在日常的交易中，他们自己也是按照一般的办法行动的，并且他们也许都有强烈的利害观念。——作为地主的新西纳图斯，在出卖他的谷物时，他大概也跟旁人一样，竭力要从买主手里得到最高的价钱。老伽图[②]在政治上虽然是一个责任心很强的人，但在他的私生活方面却是非常精明的；圣保罗，伟大的圣保罗[③]；当然是一位虔诚无比的人，可是当他制作帐篷时，如果他感觉到他每日的面包只有依靠他个人的劳动，也许他就不会有这样大的灵感了。

“对所有的人给予完全相同的分配来实现平等思想，这就是不懂得人和历史。我们祖先在1789年所宣布的并在1830年取得决定性胜利的那种真正平等，未来也属于它的那种真正平等，是在于消灭由于出身不同而产生的政治上的不平等。这一平等的意义就是在法国再没有世代相传的特权贵族和在贵族下面的第三等级。法国人是平等了，这也就是说法国是一个全国一致的国家，也就是说，国家的特殊荣誉应该属于有才干的和服务得好的人，而不看他

---

① 新西纳图斯，公元前460年罗马的执政官。他的生活简单朴素，并且亲自种地。古代罗马人把新西纳图斯看做是忠勇和生活简朴的典型。——译者

② 老伽图(公元前234—前149年)，公元前195年为罗马执政官，公元前184年为罗马监察官。——译者

③ 基督的使徒。——译者

的出身如何。其意义也就是：国家应当对各个方面给予同样的支持和同样的关怀；国家应该保护这个人的土地，保护那个人的年金，也要保护既无年金又无土地的第三种人的劳动。这也就是说，国家应该通过教育来使所有的人培养成为对社会和对自己都是有用的人；教育的目的还应该是在村庄里像在城市里那样，在茅屋和陋舍之下像在大厦和富宅之下那样，到处细心地去发现社会所需要的超人，使社会的事务得到很好的领导。但是，使所有的人，无论是高级官员或者是最低贱的临时工，都毫无例外地过着同样物质生活的这种思想是只有天真的中学生才会有的幻想之一，正如这种中学生，当他刚出饭厅并不饥饿的时候，他对斯巴达人所食用的那种又黑又粗的粥糊抱有过高的想象那样。这不是平等，这是最可恶的暴政的粗暴的不平等。请您设想一下，所有的劳动者，也就是所有的公民，在一个军营里都过着路易·勃朗先生向他们建议的共同生活：王公或总理、部长们、最高法院的法官们、社会事务的领袖们、那些用思考来安排并管理着人民工作的人，使用公用的木碗吃着一般的饭食；在公共的大厅里，以一般人所用的同样的娱乐来松散他们的沉重思虑；在那种和最普通的公民所居住的相同的编号房间中思考祖国的命运、社会的一般利益；在与最普通的公民同样的环境中，在家庭用具和孩子们的吵闹声中，他们得到启发。这是不严肃的。只有在掌握权力的人兼并了所有的利益并且霸占了所有的财富时，才会使强烈的想象力狂热地产生出类似的空想，或让自己受到这些空想的诱惑。倘若我是在土耳其，作为一个被土耳其总督在前一天夺走了最后一只羊、砍去了最后一棵棕榈树的不幸的基督徒，我或许会产生这种梦想。但是，在法国，在

我们这个时代，公共职位的待遇是这样的微薄，以致对于一个有一点能力的人来说，接受这种职位就等于作了物质上的牺牲，并且公共职位也并不提供任何精神上的补偿；在我们这个时代，像革命的意识和革命的教育所造成的那种领导人的地位是值得怜悯而不值得羡慕的；在我们的国家中，既然首要的政治要求是使政府具有威信，而首要的社会要求就是要有各级领导人员，那么，这些使领导人的生活缩减到这种地步的计划，是无法自圆其说和无法加以谅解的。

"所以，路易·勃朗先生的制度所依据的两个基础是既不坚固又不一致的。仅仅靠责任感是不可能建设一个社会的；革新者不考虑个人的利益就会忽略人类一般行为的最强有力的动力，至少忽略那种能使人奋发的力量的一半。在社会建筑上，起凝结作用的是责任感；但是，使各种材料彼此聚合的却是个人的情感。绝对平等不只是妄想，而且是极端非正义的；这是对世界上最高贵、最纯洁的东西的蔑视，是一种可耻的黑白不分。正是因为这一点，这一制度就会全部垮台。为了从另一个观点来评价这个制度，让我们在这种淋漓尽致地诋毁竞争的说法中，找出一些正当的和恰当的东西。让我们来研究一下，竞争本身是否就是一种灾害，人们是否把竞争说成是另一种东西，或者相反地，它虽暂时给予人们以痛苦（其苦味我也可以承认），却是路易·勃朗先生用他们的名义今天对竞争痛加攻击的那些人的前途得到改善的条件。

"自认为自由主义者的路易·勃朗先生，通过他的社会工场的选举制度造成了大多数人的暴政，并且通过绝对平等组织了对于高尚人物的奴役制度。同样，由于取消了竞争，路易·勃朗

就消灭了物质进步的动力;并使那种应该有一天能够完全消灭贫困,从而有可能使人类社会完全从贫困下面解放出来的力量陷于瘫痪。

"竞争造成了物价低廉:这一真理传遍了街头巷尾,同时也使身居高楼大厦的人感到不安。但是,人们在街头墙角、在雕梁画栋——如果这些雕梁画栋还存在的话——之下到处找得到的真理,就必然是一些好的真理。物价低廉,如果不是那些不富裕的阶级的物质方面的解放,该是什么呢?如果一切物品的价格减低到相当的程度,使得一个人——他除了仗着双手的劳动为生,别无其他生活的来源,并且他的智慧虽是平庸,然而他本人却是勤勉的、循规蹈矩的和诚实的,——可以用他自己的工资,随时为他自己和他的小家庭的美满生活而购置一些必需品,得到丰富而有益于健康的食品、一所在冬季可以把门窗关起来的和生着火的房子,穿着洁净的服装,并且在星期天可以使他的伴侣穿上一套相当漂亮的服装,那时,就将完成一次对贫困的巨大征服了。我同意路易·勃朗先生的说法,我们距离这个目的还很远,但是他也会同意我的意见,就是五十年以来,我们在显著的程度上接近了这一目的。但是,我们要怎样并且通过哪条道路达到这一目的呢?

"1789年,我们的祖先曾想给法国找到这些幸福以及在文化上和道德上的其他许多幸福。他们摸索、探讨,参考以前各世纪的经验,请教旧社会有才智的人们的意见,而且,他们即使把基督教义踩在脚下,却也从它那里得到启发。最后,在作了长时间的内心的检查,对他们的周围作了长时期的观察之后,为了希望人类能够达到幸福的前途(神明的启示告诉他们这种前途是可能的、肯定的，然而他们对于使他们的后代得到这个幸福的前途比他们自己达到这个前途希望得更加热烈），为了达到像他们所理解的那种平等（这种平等在他们的思想中包括上述一切优点），他们就选择了自由的道路。

“但是，在工业上，自由就意味着竞争。

“所以，绝对地、系统地谴责竞争，这就是不赞成1789年的原则，这就是否认那采用了这些原则的文明；这就是要我们的祖国捶胸自悔，请人类饶恕它把人类引向错误，并且这就是要我们的祖国满脸羞愧，内心绝望地向后倒退。

“竞争是自由在工业上的化身，因此，竞争就像自由在政治上和社会上具有它的流弊那样也产生了流弊。竞争场上标志着一些失败、一些灾难，并且撒播着破产，它往往是浸润在泪水中的。有多少次，家庭的前途在这里被毁灭！多少正当的希望在这里变成泡影！多少不容易累积起来的储蓄在这里被吞没！多少勤劳忠实的人们在这里丧失了一切，甚至丧失了名誉！我并不隐瞒这点，我对这点比任何人更加感到惋惜。但是，自由的竞赛场上布满着断垣残壁，无耻的行为玷污了它那神圣的土地，它也曾浴于鲜血之中。有一个时期，曾开始运用了可怕的断头台，我还可以说，神化了断头台，因为人们还说它是‘神圣的断头台’！无神论在这里统治了几天，值得人类诅咒的魔鬼在这里制定了法令。难道说，这样就应该咒骂自由吗？

“所以，为什么要使竞争对于用它的名义已经造成并且正在造成的谎言、恶行和强暴负责呢？竞争的原则如果不是永远地、也至少在长时期内将成为工业上的法则。我们这个时代的人所应当做的，就是在它的实施中防止它走向极端。千万不要让自己受逻辑的指引，对一个独特的原则作出极端的推断。应该在那些互不相容的原则的相互之间维持平衡。因此，为了避免竞争的流弊我们不应该忽视任何一点。倘若现在我们不能完全治愈竞争所发生的灾害，那么我们就应该设法减轻这些灾害。为了得到这一效果，我们要为竞争、即为工业自由做出我们曾为政治自由有成效地做过的事情，这一成就不久就会更加显著。自从1830年革命的那些日子后的第二天起，我们就把政治自由和秩序联合起来，并把公共秩序与自由并列，这曾经是一次有益而伟大的进步。有了这种新方向的法国政治不是就曾避免了不少的不幸吗？同样地，在工业方面，我们不要再把竞争的概念与联合和团结一致的概念分离开来。这样立刻会产生成千上万的稳健而富有生命力的措施。但是取消竞争，那是绝对不行的！

“可供人类使用的原则并不太多。文明不能像人们换衬衫那样改变原则。所以，让我们尊重那些原则，这些是我们祖先费了那么多的心血建立起来的，并且它们毕竟是像世界那样古老、像正义那样永恒的。在我们祖先用血凝成的基础上，我们应当尽力不做任何与他们高尚情感相抵触的事情，这种情感鼓舞了他们，给他们启发了那么大的力量，而且也是他们所遗留给我们的。但是，我们千万不要试图推翻这个基础。如果这样做，这是一种亵渎神圣的企图；也是一种对我们自己的侵害，而且我们将会失败的。自由的原则同荷马所说的那些巨大的岩石一样，荷马说，齐集在特洛伊城前的希腊的英雄们曾用他们有力的双臂把这些岩石举起来，并把它们抛得很远；但是，后世的最强壮的人企图在地上把它们推动也都没有办到。

“米歇尔·舍伐利埃。”

对于读者刚才所阅读的这篇《辩论日报》上的文章，我们用下列函件作为答复，这一函件登在1845年2月17日的《辩论日报》上。

编辑先生：

米歇尔·舍伐利埃先生在评论我在四年前所发表的题为《劳动组织》一书时，把一些不属于我的思想加在我身上，并且根据这些思想来反对我所主张的制度，对这一制度，我在受到他的批判之后，仍然坚持是好的。先生，能否允许我请贵报读者在我和米歇尔·舍伐利埃先生之间担任评判员，因为所引起的问题也许有着十分普遍的重要性和十分重大的意义，足以证明这样的一次破例举动是必要的。

米歇尔·舍伐利埃先生一开始就责备我，说我把我的制度奠基于下列思想上：“人类社会如果不是绝对地、也至少是主要地可以用责任感来治理自己，而个人利益只是次要的动力。”

是的，我相信，我很荣幸地相信通过教育而适当地得到发展的责任感的力量。在这方面对我的责备使我很高兴，我接受这种责备，并且引以为荣。但是，像米歇尔·舍伐利埃先生以及所有的人那样，我认为，人类的活动可以在个人利益中得到一个非常有力的和无可怀疑的动力。可是，他们也许将同意我的看法，就是个人利益必须与责任感相结合，以免以不光彩的手段对付社会；他们也许将同意我的看法，就是当社会秩序不是使上述那种结合成为永久的和自然的,而相反地使它成为不可能时,这种社会秩序基本上是坏的。现在,问题就在于此。

竞争制度,从它的性质来说,给予个人利益以一种反社会的倾向,给予它一些和责任感相违反的鼓励;为此就必须攻击这个制度。所以,对我们来说,最重要的事情并不在于幼稚地去否认个人利益的力量,而是要使它高贵化、纯洁化,使它富有活力。

我们看到在社会中竞争起了什么作用?竞争给个人利益安上了兀鹰的翅膀和贪得无厌的心。在生财之道上,成千上万的竞争者蜂拥前进,他们疯狂地彼此挤压,互相碰撞,互相践踏。而人们竟敢冠以“自由”的漂亮名字的工业上的无政府状态,在每个劳动领域中,吸引了不受数目限制的并且不断增加的生产者,因此,新来的人为了得到自己的地位,就不得不对竞争道路上所碰到的人进行一场殊死的战斗、一场激烈的战斗。在这场战斗中,使用的武器是什么呢?那就是伪造赝品、有计划地降低物价、造谣、诬蔑以及各种各样的狡猾手段。为了增加自己的顾客,商人就必须把邻人的顾客拉去。科学在发明了新的方法时,也只不过把一根棍棒交给某些人来粉碎他们的对手。在竞争制度下,一个人的发财致富岂有不是在某种程度上用别人的破产造成的呢?谁能说一个暴发户的幸福不是由许多零星的灾害组成的呢?你们是上升了,但是你们是用受害的人来做你们的台阶的。这就是在目前的制度中正在起着作用的个人利益。试问,在压迫者和被压迫者之间,责任感还有它自己的地位吗?

我所谈的这一斗争不仅是激烈的,而且还是极端不平等的;这

一斗争使穷人和富人、使弱者和强者、使具有一切冒险机会的投机者和只有劳动机会的诚实人进行交锋。胜利属于谁还会有疑问吗？米歇尔·舍伐利埃先生很懂得，像在其他的战役中，胜利是属于拥有巨大兵团的一方那样，在工业战争中，胜利是属于拥有雄厚资本的人的。在这样的社会场合，个人利益只是通过一系列激烈的斗争、通过一连串不公平的失败、通过各种无情的贪欲之间的不断冲突、通过普遍的和空前的贪得无厌而表现出来的，而人们却夸张个人利益的力量！可是人们责备我们，说我们否认了个人利益的力量，因为我们反对这种力量的这些丑恶的表现。

但是，该怎么办呢？怎么办？就是要改变那种在本质上使个人利益和责任感不能互相结合的社会制度；并且，要拿出善良的心肠来奠定这样的一个社会制度的基础，在这个社会制度中，任何人只有通过公共利益的胜利才能找到个人利益的满足。组织劳动社团就解决了这一问题。例如，在我们所建议成立的社会工场里，个人利益毫无疑问是得到照顾的，因为每个劳动者都能分享利润。只是，不提高大家的利润，也就不能提高某几个人的利润。这样一来，竞赛并没有被消灭，而是纯洁化了；个人利益不再挑起仇恨，而成为一种彼此亲善的方法，一种对于博爱的鼓励；对个人的鼓励并不丧失它的力量，并且成为道德上的力量了。

米歇尔·舍伐利埃先生预先非难说，在一切社团制度中，个人利益总是间接的，因为它带有一种集体的性质。我认为他的这种结论是不合逻辑的。一个工人既然可以分享利润的一部分，那么，利润的增长对他是有利的：我不知道还有什么比这个利益更为直接的了。但是，什么！难道在集体利益中没有一种强有力的刺激作用吗？难道在军队里，对国旗的忠诚不就是属于集体荣誉的利益吗？难道人们没有见到成百万人在光荣的集体利益的影响下热情地奔向死亡吗？难道不是由于一种集体感才产生了天主教的无限权能，奠定了所有伟大的机构，鼓舞了所有伟大的事业，产生了所有的行为，通过这些行为，在历史上出现了人类意愿的最高权能吗？这种使我们对我们民族的尊严如此关心的利益，这种叫做“祖国”的集体利益，难道没有力量吗？人们既然能够把上述的那种利益完全用来为战争和破坏服务，那么怎能叫我们信服，认为永远不可能把它用来为生产和人类的博爱而服务呢？

请明白下列各点：我们并不主张人们为了人民的解放而牺牲人类的人格、个人的权利，但是，我们要求通过社团原则的既谨慎而又广泛的应用，个人能够自然而然地把自己的希望和欲望同社会其他成员的福利结合起来。

我是否认真地尊重个人的利益呢？是的，这是当然的事；正是为了个人利益，我们才攻击这个产生无产者的制度的。个人利益的那些需求既然如此值得人们加以尊重，那么，对于那么多不幸的工业奴隶和传动带的仆人，你们为什么又不尊重了呢？什么！个人利益是非常神圣的，可是在你们给它辩护的那个社会里，我看到有很多人过一天是一天；他们弯着腰干着沉重的劳动，挣的钱只能使他们免于饿死；他们耗尽体力去创造一些他们永远不能分享的享受。啊！那些了解人类心灵、并且不把理论建立在幻想上的人们，那些真正实际的人，只有他们懂得：个人利益如果在一些人身上受到尊重的话，那么，在其他人身上也应该受到尊重。在今天的社会里，摆在我们眼前的是什么景象呢？在上面，是吃人的和没有节制的竞争;在下面,则永远是带有威胁性和悲惨性的单调的劳累和痛苦。这是一种正常状态吗?回答是很简单的,并且也非常可怕的。今天,没有一个人在入睡时能够很有把握不会在暴风雨中醒来;我们明智的政治家们仅能了解到,革命随时准备着敲打社会的大门。

再来谈谈米歇尔·舍伐利埃先生的另一种错误。他责备我,说我指出绝对平等是社会的最后目的。这里,重要的是正确了解我们。人们既没有相同的机能,也没有相同的需要,而且只能仗着使用基本上不同的禀赋来生活在社会中,显然,宣传绝对平等,这是毫无意义的。所以他用来批评我的那些词句,我是不能接受的。但是,我曾经肯定过的并且我愿意再重复一遍的就是:如果根据能力规定的等级制度是必要的和富有生命力的话,那么,按照能力而分配的制度却就不然。领导人类社会这项使命并不是一件小事,因此不能把它也当做可以进行买卖的东西;谁当领导人,谁就应该作出牺牲。毫无疑问,报酬必须足够使人们能够从容地去执行职务;但是,为了不使政权变质,不过分贬低政权的地位,不误解政权的本质和它的伟大,人们就不能根据收入的多寡来权衡职务的重要性。

此外,使大公无私的精神成为行使权力的条件,这就把秩序和纪律的原则应用到行政等级中去;因为这样可使政权更多地受到尊重和更少地受到嫉妒;这样可以杜绝贪婪的和扰攘不宁的庸人以及丑陋的野心家成为候补人;这样才可以把政权委托那些认为必须发展自己精神上的最高才能和应用有益思想的人去执行;这样就可以使对权力的服从成为一种感恩的行为。

我在别处已经讲过：那些由于自己较为聪明而能够获得世界上一大部分财产的人，无权去咒骂那些在野蛮时代由于体力优越而奴役弱者的强者。倘若人们回答说，才干需要由报酬来刺激，社会的利益需要这样做，那么请问，是否这种报酬必须是物质的呢？是否这种报酬必须用财富来估价呢？那些真正高尚的人所寻求和获得的主要报酬就在于运用他们的才能。如果社会要想给予牛顿报酬，它是报酬不完的，对于牛顿来说，只有一种公平的报酬：即当他的天才发现了支配世界事物的规律时他所感到的那种快乐。如果物质需要意味着上帝给予社会而应该再由社会给予个人的东西，那么，才能不就是上帝给予个人而应该再由他来给予社会的东西吗？所以，按照标志在每个人的身体结构中的那条神的法律，一个人智慧多，就应当多做些有用的工作，而不应要求更高的待遇；禀赋的不平等只能逻辑地、合理地得出责任的不平等的结论。

在这一问题上，米歇尔·舍伐利埃先生提到在我国卓越的职位所得到的报酬不多。所以他不就承认了我们的理论并未越出当前社会的做法，不就承认了我们并不是空想社会主义者吗？此外，当我们的制度即使在一个有限的范围内已经得到最幸运和最有意义实施时，他的这种主张也是不正确的。

米歇尔·舍伐利埃先生把竞争当做兴奋剂而加以吹嘘。但这种兴奋剂的性质是什么呢？它是用什么方法影响人类的活动的呢？饥饿就是一种有力的兴奋剂：它有时可以使大道上的窃盗胆壮。复仇是一种有力的兴奋剂：它有时激起那些被欺侮的人去杀人。贪欲也是一种强有力的兴奋剂：它能产生投机和投机的丑事。

我们要为贪欲、报仇以及饥饿去立庙奉祀吗？

所谓由于竞争而产生的物价低廉，它代表着什么呢？它所代表的是在劳动力上所作的节约或使用新机器而得来的节约。所以，物价低廉只是把从贫穷生产者手中夺来的东西给予富有的消费者。竞争使物价低廉成为一种斗争的方法，在这种斗争中，物价低廉总是或者和工资的普遍降低相呼应，或者和实行残忍的垄断相呼应的。因此，对某些人是进步的东西，对另外的一些人则是增加贫困。唉！那些幸运儿的幸福只是在他们不知不觉中由穷人的不断增加着的痛苦所造成的！

固然，竞争并不总是转向不利于工人的一面。当产品在工人稀少的地方受到迫切需要时，他们的地位就颠倒过来了。受到条件支配的将是工厂主；工人提出条件，他们昨天还是被压迫者，第二天可能就变成压迫者了。

在这里，我们也许应当说：类似这样的情况只能看做是例外；富人有着穷人所缺少的金钱可以规避这种暂时的压迫，而法律对工厂主之间的同盟的处罚要比对工人之间的同盟的处罚轻得多。然而，我们并不这样说，如果人们充分提出反对的意见，我们是很欢迎的，而且我们也急于要利用这些反对的意见。不管暴政是从上而来或是从下而来，在我们看来差别不大：在这两种情况中，我们认为暴政都是可恶的。我们是人民的保卫者而不是人民的侍臣，因此，我们不愿意使人们可以例外地从中得到利益的混乱比那些使人们惯常遭到痛苦的混乱发生得更多；并且我们应该声明，在任何制度下，如果被压迫的无产阶级除去采取报复的手段之外，根本得不到其他任何补偿的办法，同时，除去工业上的罗马农神节[①]外，无产阶级根本没有其他任何节日，那么这种制度是十分不幸的。

至于因为稍稍触动一下现行制度的基础就怕所有的人都会饿死，对于这一点，难道米歇尔·舍伐利埃先生所表示的担心是很严肃的吗？怎么！一个工人为自己劳动，因而热情地、专心致志地和快速地去做那些在今天说来他是慢腾腾地、满怀反感地、口出怨言地、甚至往往内心带着反抗情绪做着的事情，在这个时候，难道所有的人反而会饿死吗？当社会中不再有像今天那样浑水摸鱼的寄生虫时，当生产不再在盲目和混乱之中进行，不再导致商品的滞销，以致博学的经济学家们说现代国家的贫困是由生产过剩产生时，难道所有的人还会饿死吗？今天，不可计数的资本损失形成商店歇业、工厂倒闭、破产频仍、商品滞销、工人失业、工人阶级由于经常劳动过度和时间过长而发生疾病，总之，混乱的、规模庞大的和普遍的竞争产生了一切灾害；在竞争消灭以后，当我们不再为这些现象悲叹时，难道所有的人还会饿死吗？

米歇尔·舍伐利埃先生可以绝对放心……至少关于实行我们的理想这一点，可以绝对放心；因为目前社会制度的任其发展的情况，只能使人感到触目惊心。当然，我很容易证明：既然这种制度对人民的美满生活没有任何保障，那它就使社会陷于一种侥幸的生存状态；人们所吹嘘的这种工业自由只是为了劳动工具占有者而存在；这种工业自由让穷人被意外的事情所支配；这种自由是由

① 指罗马时代的每年十二月十六、十七和十八日三天的盛大节日。在节日期间，所有的人包括奴隶在内，都必须尽情作乐。这里引用这个名称意即无产阶级除去出卖劳动力的自由外没有其他任何自由。——译者

压迫和无政府状态所组成;这种自由只给强者增加力量,给富者增加财富,给那些最不需要贷款的人增加贷款。上天知道,我绝不是在这里煽动无产阶级,给他们灌输不幸的急躁心情!资产阶级本身也受着相当大的威胁,人们应当向资产阶级发出呼吁并要他们认真地来考虑这种情况。唉!如何能否认这点呢?竞争是为了大资本家的利益而进行的。所以,在压倒了小资产阶级之后,这个竞争就将压倒中产阶级;这是不可避免的结果,并且它已经以触目惊心的朕兆表现出来了!不妨看看乡村的情况,那里受着高利贷的无耻的封建制度的压榨。请研究一下大城市的工业生活,那里到处揭示着金融寡头的形成,而逃避这种金融寡头的桎梏变得愈来愈难了。一个独立自主的手艺人成了一个不能独立自主的按日计工的劳动者,小商店倒闭了,它们被豪华的大商店挤垮;在竞争的斗争中,奢侈成为一种可靠的和杀人的武器,大资本家的联合包围了中小资产阶级,并且把他们闷死。怎样来避免这些祸害呢?

米歇尔·舍伐利埃先生说,我们只要把竞争纠正一下就可以满足了。但是用哪些办法呢?米歇尔·舍伐利埃先生并没有把它们指出来,而我们却很想了解一下这些办法。什么,原则已经肯定了,他们却不希望它产生自然的结果!什么!战争已经发生,他们却还抱着这种不会有牺牲者的奇怪幻想!但是善与恶同样有它的逻辑;当他们指责结论时,我不明白为什么还要坚持保留它的前提。现在我再重复一遍,这里的结论就是建立一种比军事专制更沉重百倍、更卑鄙百倍的专制。难道不就是把运输的垄断也就是说把工业的活动、它的灵魂、它的生存和它的呼吸都出让给一小部分的富翁去垄断吗?这样,你们就可以采取放任主义,可以使你们自己满意于你们响亮的词句,可以使自己颂扬那些在自由的名义下使无政府状态成为合法化的立法者的智慧。在这等待期间,站在忍受痛苦的人民头上的资产阶级日趋瓦解,而资产阶级的侍臣们并不设法把资产阶级营救出来,只知道用甜言蜜语去哄骗资产阶级沉沉入睡。

路易·勃朗

以下是《商业报》在1841年8月3日有关本书所发表的评论:

"变为工业企业主的政府怎样执行职务呢?我们如果以公共工程部的例子来判断,那就可以推测,政府的措施,不论在节约方面、积极行动方面、企业的发展和改进方面,都不是出色的。我们还可以设想一下,当政府既是生产者又是消费者的时候,它是为了公用事业或者为了靠税收征集产品而领导劳动生产的。但是,当国家成为唯一的制造商并独自负担供应私人消费需要时,它将用什么方法来销售产品、寻找国内外的销售市场呢?"

如果这些非难一点也没有指错的话,那么,无疑地这些非难是十分严重的。当然,如果国家成为工业企业主并且负责供应私人消费需要,那么肯定它就要在这一巨大任务的重担下失败。再进一步说:假如国家能这样做,那么,这样一个制度的结果所能造成的就会是暴政,就会是在公益的假面具下对于个人所施行的强暴,就会是丧失一切自由,最后,就会是普遍的窒息。但是,难道我们提出了类似这样的东西吗?这种非难如果对圣西门[1]主义提出,

① 昂利·克劳德·圣西门(1760—1825),法国卓越的思想家、空想社会主义的最著名代表人物之一。——译者

还能成立。但是我们的学说与圣西门学说之间有什么共同之点呢？我们曾经说过，国家应当是工业的调节者：难道这就是说国家应该对工业施行垄断吗？我们曾经说过，国家应当创办社会工场，供给劳动者以劳动工具，规定那具有法律形式和效力的工业章程，难道这就是说，国家应该变成投机者、工业企业主吗？这里，谁不感觉到，他们是用不是我们的立场来攻击我们的呢？请再阅读一下我们的计划：大家会看到在社会工场所得利润的分配中，我们并没有分给政府任何一份；所以，在我们的制度中，政府既不是垄断者，也不是投机者。的确，我们让政府在社会工场成立的第一年间来参与工厂的行政管理。但是，为什么要把一个制度的基础和推行这个制度的方法混为一谈呢？我们说了些什么呢？“社会工场成立后的第一年，由政府安排各项职务的等级。一年以后就不再如此了。工人们既然有时间可以互相鉴定，并且，他们既然都关心社团的成功，那么，各级人员就可以从选举中产生出来。”意思就是说：机器一经安装起来，自己就可以开动。国家只需像它监督所有法令的执行那样来监督章程的遵守。可是，这些章程既然是实施一种关于联合和博爱的学说，那么，工业立刻就会走上新的道路，以致国家除了排除个人主义的自私自利的企图为对抗这个运动而制造的种种障碍以外，没有别的事情可做。请很好注意这一点：我们不像圣西门学派那样，要求国家亲自去做一切事情，我们只要求国家发动一次以社团原则代替竞争原则为目的的工业革命。我们并不要求国家成为工业企业主和把所有的垄断权都集中在它的手中，我们要求政府出面干预，以便给予某些工人团体以劳动工具，并给这些工人团体制定法律，使它们不可能不在王国的整个地面上不知不觉地扩展起来。

“有一个国家，大约从三百年前起就在大规模的范围内施行着一种和路易·勃朗先生所提议的相似的制度，这个国家就是巴拉圭。在南美殖民地叛变之前，这个国家处在完全实现了公有财产和社会博爱的乌托邦的神权政治的统治之下。表面上，这个政府是符合公民的愿望的，因为，那些从宗主国的权威之下解放出来的公民，除了以联邦制的形式代替单一制外，愿意没有其他变动而保留这个政府。新组织的领导者佛兰西亚博士[①]改善了旧的组织，并且除了根据人民一致拥护的意见外，并未通过其他任何形式就维持了他过去所处的地位，雷纳耳[②]根据一致公认的证据叙述了巴拉圭的制度之后，发现了一种他不能解释的现象。他说：在那种政体之下人口似乎应该极快地增长起来；因为在那里，没有一个闲人，没有一个工作过忙的人；在那里，食物是有营养的、丰富的、对于所有的公民都是平等的；所有的公民穿得也很舒适；在那里，老人、寡妇和孤儿依靠土地的剩余产品而得到大量的赡养；在那里，人人都可以不计较利害关系而自由选择对象；并且，在那里，儿女成群是一种慰藉而不会是负担；在那里，从不发生那种同腐蚀穷人和富人的那种游手好闲分不开来的、加速人类生命死亡或衰颓的荒淫；在那里，丝毫没有什么可以激起不自然的情欲、破坏正常食欲的东西；在那里，人们可

① 何塞·加斯帕尔·罗德里盖斯·佛兰西亚(1766—1840)，1814—1840年巴拉圭的独裁者。他没收了修道院的财产和地主的一部分土地。他对反动势力和外国干预巴拉圭事务的阴谋进行了斗争。——译者

② 季育姆·雷纳耳(1713—1796)，法国的历史学家和哲学家。——译者

以享受贸易的利益而丝毫不受到奢侈恶习的影响;在那里,粮食满仓,在同一宗教的博爱下,各民族联合起来,彼此进行无偿的援助,这是一种可靠的方法,它可以防止季节的变化无常或风雨不调所引起的歉收;在那里,社会惩罚永远没有必要对任何一个罪犯判处死刑、受辱和徒刑;在那里,人们不知道什么叫征税和诉讼——这是到处使人类受苦的两个灾害:看起来这样一个国家应该是世界上人口最密的国家。然而事实并不如此。事实是,在和法国一样广阔的土地上,巴拉圭可能只有五十万居民。这一定是一种建立在公有制基础上的组织所含有的深刻弊病,抵消了这么多的利益。"①

我们不难指出在巴拉圭建立起来的制度和我们所提倡的制度之间的根本不同点。如果我们承认那种比拟是正确的话,那么,我们刚才读到的引文对我们的结论是一篇多么有利和卓越的辩护词啊!怎么!德行和幸福就是一个社会在应用了你们所攻击的学说时所得到的东西!你们除了给我们描绘一幅关于这些学说所提供的利益的引人入胜的图画以外,找不到任何东西来攻击这些学说!"巴拉圭本该是世界上人口最密的国家;然而事实并非如此。"如果住在巴拉圭的那些人既善良而又幸福,这又有什么关系呢?如果根据雷纳耳的说法,"在他们那里丝毫没有加速人类生命的死亡或衰颓的东西",那么,人口不多又有什么关系呢?人口的增加是否总是繁荣的象征呢?我们可以看到,巴黎人口的出生率,在富裕地区占人口的三十二分之一,而在最贫困地区就提高到二十六分之

① 参阅1841年8月3日的《商业报》。

一。但愿上帝的意旨是使那眼光短浅的经济学家们所互相祝贺的我国人口的增长并不那么显著、那么迅速！啊！你绝对相信人口增长是件好事吗？那么请你看一下你的周围：饥饿的人繁殖得最快。我们的祖国很快就要容纳不下我们了；这一点你还看不到吗？现在我们不是已经在互相窥伺，等待互相吞噬的机会吗！让那些征服者去要求母亲们多多生育吧；这些人需要人丁兴旺，因为他们需要一些人来做炮灰。

“如果竞争是贫困和破产的必然原因，那么，怎样去解释美利坚合众国这样一个竞争制度的国家的繁荣呢？”[①]

没有再比作出这种解释更容易的了。美国人并不像我们那样拥挤在一个不能任意开拓疆土的国家里。至少到现在为止，他们之所以能够部分地避免竞争的灾害，简单说来，正是由于还存在着空地。但是，怎么啦！那个强暴地驱使英国人走出他们的岛屿并使他们把地球看成是一个必须征服的市场的压力，那个不可抗拒的压力，现在不是已经统治着美国了吗？销路问题在美国不是已经像在英国过去和现在那样日渐显得严重了吗？我们不是已经听到美国总统杰克逊将军[②]面对着他的国家由于信贷的极端发展、私人投机的狂热、无限的竞争在人们心灵中所燃起的炽烈的欲望而即将发生的危险，在大声呻吟吗？我们且不谈竞争使美国个人的才能带有的那种毫无节制的冲动所自然而然地产生的恶习：贪欲、自私、恶意、粗野的思想和风俗。

① 参阅上边所引据的同一期的《商业报》。

② 安德留·杰克逊(1767—1845)，美国政治家，曾于1828年和1832年两度当选为美国总统。——译者

竞争早晚要成为一种压迫，美国已经证明了这一点。美国人所采取的社会制度的罪恶，现在已经严重地威胁着那个作为他们政治机构基础的平等原则。只要银行制度在美国受到支持，那么民主制度就要失败。杰克逊大声地声明了这一点，而且他在这一点上的意见也就是所有那些美国民主主义的忠实拥护者的意见。这个结果是值得大家来彻底加以研究的！

“对路易·勃朗先生的计划的主要指责，是说他的计划固然以通过社团消灭竞争为目的，然而这个计划本身只是一种竞争制度而绝不是社团的制度。这个计划的本身含有不纯的因素，这种不纯的因素却是计划的草拟者的那种敏锐的思想所不应当觉察不到的。

“的确，路易·勃朗先生许可资本家加入社团，条件是资本家可以支取他们投资的利息，但是，他们必须取得工人的身份才能分享利润。

“这样，资本家不管社会工场获得利润或遭到损失都有权得到固定的年金。这样，他们不但不和工人协作，反而只关心得到他们资本的最高利息，而工人的利益恰巧与此相反。因此，在参加生产的两方面——资本家和工人之间造成一种明显的对立，并且由此产生谎言、舞弊、仇恨，换句话说，就是竞争本身和它的全部结果。但是，对一个经济学家来说，资本并不单单是货币。如果资本单单是货币，那就可以把敌对利益缩减到一个相当狭窄的范围之内。在资本这个字义里包含着全部劳动工具、产品的一切来源、生产的全部面貌。因此，地主、工厂主、牧场主、动产与不动产的所有人将完全和劳动者分裂开来。本来应该在这一计划中被克服的竞争却得到了庄严的承认。”①

给我们提出这种反对意见的人，是否已经考虑到今天在资本家和工人之间产生明显的对立的原因呢？而这种对立是提出上述意见人甚至在我们的制度的实施中也感到害怕的。在生产的事业中，一些人的使命是提供劳动工具，另一些人的使命是提供劳动力，这样，资本家和工人就互相进行斗争，为什么呢？因为没有什么东西来调整他们之间的关系，因为专横在这里支配一切。工人感到需要得到工具时，资本家就在这种需要上进行投机，同时工人也利用资本家试图使他的资本获得利润的需要而设法从中得到利益。我们的制度把社会工场的成员和资本家安放在与上述完全不同的地位上。大家不要忘记，社会工场有国家给它提供的资本，这种资本是集体的；它应该不断增长，并且它是属于社团自己所有的。因而，在这里工人是可以自给自足的。利率一旦确定（丝毫没有理由去禁止人们在一定的时期内用立法手续来确定利率），可以许可愿意为社会工场服务的资本家在事先规定的条件下参加投资；相反，那些资本家如果不满意这些条件，可以保留他们的金钱，而工场可以不用他们的钱。我们的制度给社会工场创造了这样一种形势，就是使资本家的协助对它永远是有益的，而不是使这种协助成为非此不可的，所以，就没有发生争论的可能。

更好的是：随着我们制度的发展，集体资本就增长起来；大部分劳动者愈来愈独立；个人投资的机会日益减少；资本的暴政被击中了要害。

① 见1841年3月1日的《阿韦龙省和罗得省评论报》。

“当你按照职务的等级来规定工资时，你无疑地承认了，一切劳动具有不同的性质，因而也就无权得到相同的报酬。那么，为什么在利润方面你却又建立起你在工资中认为是不合理的那种平等关系呢？”①

我们曾经预料到这种非难，并且事先用这样的词句做了答复：“现在这一代人所受到的错误的和反社会的教育，使人们在增加收益的办法以外，很难找到起竞争和鼓励作用的因素，但是工资的差别将按职务的等级而加以规定，一种新型的教育定会使思想和风俗习惯发生改变。”至于现在，我们在工资方面不采取平均主义的报酬办法，并不是认为那种办法是不合理的，而是认为它会给习惯以猛然的打击；根据我们的看法，只有教育可以有力量来改变这些习惯。在利润的分配中，我们所认可的平均分配办法是在“现在怎样”和“应当怎样”两者之间安排得够好的一种过渡办法；因为我们已经讲过，我们再说一遍，总有一天人们会承认，谁从上帝那里得到较多的力量或较多的智慧，谁就对人类要担负较多的责任。因此，天才不是通过他从社会取得的巨额报酬，而是通过他对社会所尽的义务的光辉成就来获得社会的公认，他应该这样做，也只有这样他才不愧为天才。禀赋的不平等应该得出的结论是责任上的不平等，而不是权利上的不平等。

“根据那个计划，第一年各级职务将由政府来安排；但从第二年起，各级人员就要根据选举原则产生。

“读者如果曾经注意或参与过省、市或国会的选举，他就会知

① 见 1841 年 5 月 1 日的《阿韦龙省和罗得省评论报》。

道有多少阴谋、谎言、诬蔑和虚伪的诺言、不道德的威胁施展在这些斗争中，读者就不会不知道，这是家庭不和睦和国家风俗败坏的一个机会；并且，只有某些旧式自由主义的落后公民才幻想着国家生活本身就是斗争。此外，每个有理智的公民都会沉痛地看到，这些周期性的动乱的来临就使一切丑恶的情欲又一次在社会上泛滥起来。然而，所涉及的问题只是一些遥远的和人们不很了解的利害关系，至多只涉及到通过选举的选择来保障某些地方的或个人的利益。倘若把个人的命运、家庭的现状和前途都交付给选举来决定，倘若公民们不光是指定候选人，而是由他们自己来决定他们自己的社会地位，作为他们有权可以获得尊敬和财富的衡量标准，这就会变成什么样的情况了呢？我且不说最末一等的人，就是第二等和第三等人又有谁愿意去充当呢？什么是调节个人贪欲的天平呢？”①

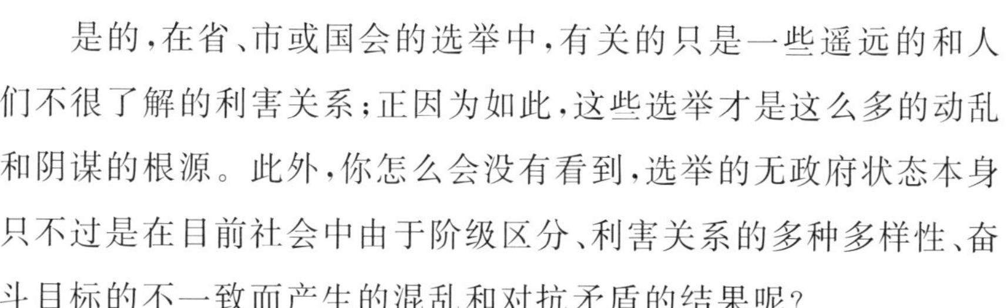

是的，在省、市或国会的选举中，有关的只是一些遥远的和人们不很了解的利害关系；正因为如此，这些选举才是这么多的动乱和阴谋的根源。此外，你怎么会没有看到，选举的无政府状态本身只不过是在目前社会中由于阶级区分、利害关系的多种多样性、奋斗目标的不一致而产生的混乱和对抗矛盾的结果呢？

社团的每一个成员都向着共同的目标前进，并且都同样关心着共同事业的繁荣，如果把选举的原则介绍到这样的社团中来，不就会面目一新吗？如果选举人不是不凭了解而以本能或往往以盲目的热情去进行投票，而是在完全了解事情的情况下，在他们全部

① 见1841年5月1日的《阿韦龙省和罗得省评论报》。

生活所接触到的范围内，总之，在完全了解他们的利害关系的情况下去进行选择的话，那么，这又将是什么样的情况呢？

为了选举得好，那就需要具备两个条件：利害关系和能力。是啊！社会工场的成员显然都是具有这两个条件的。他们关心着很好地进行选择，因为社团的成就是由他们的选择来决定的，而社团的利润则又是由他们来分享的；他们有能力很好地进行选择，因为他们每天随时随地都彼此见面，他们在一起劳动，他们具有很好地进行鉴别所必需的一切条件。一个工人能否对他的工长作出鉴定呢？如果一个工人应该从他的工长的才能中得到他自己的一部分利益，他是否愿意找一个无能的工长呢？问题就在这里。

“路易·勃朗先生承认，创办社会工场的国家在第一年中将管理各种职务和利润。假如国家一旦这样做了而且做得很好，为什么要让它失去这种特权呢？”①

这是因为担心国家在这种制度已经发展到了它的最高阶段时，会滥用这种制度所给予它的巨大权力，也是因为担心当国家管理的不再是某一个工场，而是所有的工业部门时，它的任务会变得太沉重。

我们要避免圣西门主义所碰到的暗礁。这个学说的奠基人早就很好地看到，只有国家机关才有足够的力量把社会从危险途径中挽救出来，但是，由于他们过于强调政府首创精神的优越性，因而超越了那个目的。他们不是把指导和调整工业生产的责任委托给国家，而把管理工业的琐碎事务都放在国家的肩上；因而使国家

① 见 1841 年 3 月 8 日的《阿韦龙省和罗得省评论报》。

的行动极不方便，而暴政反而成为可能。

当然，我们并不是咒骂权力原则的人。我们曾多次反击了那些既危险又愚蠢的攻击来保护这个原则。我们知道，在一个社会里，当有组织的力量还没有建立起来的时候，到处都是专制。在这本书里，没有一行不是以我们的名义来沉痛地抗议，抗议人们把穷人可耻地遗弃不顾，还有人竟敢把这种遗弃叫做自由！但是，即使我们希望有一种强有力的和有效的政权，我们另一方面也感到，如果认为政权是不会有错误的，那就是发疯；我们并不掩饰，不管产生政府的政治组织怎样完美，一个政府总是由能犯错误和能为情欲所迷的人所组成的，而社会的生存是不应当由这些错误和情欲来决定的。所以对我们来说，要解决的问题是：给政权造成一种强大的富有首创能力的力量，然而要避免政权的活动侵入社会的一切活动。

“国家提供了原始基金。然而，看来似乎既不许可国家分享利润，也不许可它征收任何利息。国家与其他资本家之间的这种差别是不公平的。”①

但是，为什么要说这是不公平的呢？难道你把国家看成是一个投机者吗？难道国家同它所代表的和反映的社会有着不同的利益吗？

“一部分利润指定用来减轻其他工业所遭受的危机，因为所有那些工业都应该互相帮助和互相支援。如果其他工业也把它们的利润交给社会工场的话，那就太好了；但是，根据它们自己的组织

① 见 1841 年 3 月 10 日的《阿韦龙省和罗得省评论报》。

是不可能做到这一点的，所以这也不合理。”①

按照我们的计划，这种互相救助只能在集体组织起来的各种工业之间进行。

“另一部分利润专门用来为那些志愿参加社团的人购置劳动工具。——应当加一句，这笔款项将从工资中扣除下来；这是一笔垫款，而不是馈赠，不然就会是不合理的；因为资本既然是由国家供给的，那么，无偿地把劳动工具送给某些工人，那就是为了少数人的利益而剥夺大多数人。”②

如果我们所提倡的制度的发展不包括全体工人，那么你就说对了。但是，为了达到我们的目的，我们才从社会工场的资本中提出一部分来，而这一部分资本只能用来扩大社会工场，因此，它事先就毫无例外地是属于全部工人的。从工人的工资中扣除工人为了生活和为了服务于他所属的社会而必需的工具的价款，这岂不是一种不合理和苛刻的行为吗？庇特本人就曾说过，国家应该供给人民劳动或面包。

“劳动组织将从工业开始，其实，它应该从联合起来的工业与农业方面开始进行。”③

为什么要凭空使困难复杂化呢？革命由工业改革开始又有什么关系呢？重要的是通过这一革命来引起与之相结合的农业改革。要知道，我们并没有忘记这一个必要的联盟(见本书第 89 页)。

“路易·勃朗先生的思想基本上是圣西门的思想。事实上，圣

① 见 1841 年 3 月 10 日的《阿韦龙省和罗得省评论报》。

② 同上。

③ 同上。

西门不断主张政权取得工业领导权，同时创办服从政府所制定的规章的工场，在这些工场中，政权应该分配每人的职务、每人在工业等级中的地位以及每人在生产或利润中应得的部分。”[①]

我们已经答复了这一指摘，使我们吃惊的是：向我们提出这个指摘的是一种宣传傅立叶社会主义的报纸，换句话说，就是一种专门研究各种社会主义学说的报纸。

圣西门的学说和我们在这本书中所提出的学说之间，区别是明显的、带有根本性的；同时这又是理论上的和实践上的区别。

在圣西门学说中，政权就是一切，政权行使一切。在某种程度上，政权从自身取得那种可以对社会实施强制的权利，以后就随意支配社会，把才能分成等级。政权分配职务，领导一切人的劳动，进行财富的分配。在圣西门的学说里，国家就是工业的教皇。相反，在我们的计划中，国家只给劳动制定法律，根据这个法律，工业活动就可以并且也应该完全自由地进行。国家只是把社会放在一个斜坡上面，社会一旦被安置在那里之后，它就由于事物的力量和既定的机械作用的自然结果而滑落下去。

在圣西门的学说中，等级制度基本上是通过“从上”而来的选择而建立起来的。在我们的计划中则相反，等级制度基本上是通过“从下”而来的选举而建立起来的。

在圣西门的学说中，国家对于工业的干预是有永久性的；而在我们的计划中，国家只不过在最初时期进行一定程度的干涉。

在圣西门的学说中，社会的功能完全消失在政权的职能之下。

① 见 1840 年 9 月 23 日的《法郎吉报》。

在我们的计划中，社会从政权那里得到推动力量，而在取得这种推动力量之后，它就仅仅受政权的监督了。

在圣西门的学说中，利润分配问题是通过一个著名的公式而得到解决的："按才分配，按才派工"。在我们的计划中，禀赋的不平等，只在过渡时期作为报酬上的差别的基础，并且还带有重大的限制。因此，形成圣西门的道德原则的东西，在我们的计划中，只不过是一种对于那些我们认为是错误的思想的必要的让步，并且我们愿意依靠教育使一种崇高的道德观念战胜这些错误的思想。

因此，圣西门的学说和我们的学说之间在最终的目标上、在方法上和在道德上，丝毫没有共同之处。

"至于那些资本家，路易·勃朗先生很愿意他们资本的利息在预算中得到保障，然而他却完全不准他们分享工场所得的利润。对于这种奇怪的排斥，我们只提出下列两点意见：第一，不让资本家对于工人阶级命运的改善直接感到兴趣，这是太不了解工人阶级的利益。其实，如果我们所谈到的那些企业应该改善这些阶级的地位，那么就要增多这些企业；并且为了达到这个目的，最好的办法就是使它们成为对资本家有利的投资场所，所以资本应该享受利润的分配。第二，资本作为有助于生产的一种手段，它是否具有和其他生产手段相同的合法性呢？问题就在这里。假如资本是不合法的，那么，它在生产中要求得到的一份也是不合法的，那就应该排除它，它也就不该得到利息；反之，如果资本是合法的，那么，它既然有助于利润的增加，就不能合法地被拒绝分享利润。"①

① 见 1840 年 9 月 23 日的《法郎吉报》。

前几段中，问题是以一种毫无系统的方式提出来的。毫无疑问，作者的意图是向我们询问，根据我们的意见，在生产的利润中，允许资本家分享一份和工人相等的利润是否合理。

我们会毫不犹豫地回答说，在正常的社会中，这是极端荒谬和极端不合理的。怎么！一个人在继承父亲的遗产时得到了一百万法郎，这笔钱原是他的高祖父积攒起来的，来路的好坏不得而知。这样，他就像博马舍[①]书中的那个贵族那样，只因出生关系而成为富有，他愿意拿这一百万法郎投资到工业中来，使它产生利润。除此而外，他却以打猎来消磨岁月，看戏游荡，通宵赌博，他的全部生活都用在享乐上面，或者用在满足他的以个人主义为目的的忙忙碌碌的事务上面。因为他不是愚蠢地把这一百万法郎埋藏在地下——这一百万法郎，没有他也可存在，并且在他之前已经存在，他不懂得怎样使这一百万法郎增多的艺术，而最后他只知道领取和浪费这笔款项的利息——，你却要在这些生产的果实中分给他一份与聪明和勤劳的人相等的利润。这种财富是通过聪明而勤劳的人增多起来的，而他们为所有的人服务，他们的一生完全贡献于社会。天啊！这是什么合理的分配啊！那些立志改革世界的人，却不理会利润的这种分配原则是对所有正义法则的一种粗暴侵犯和对人类理性的侮辱。试问你对这些人又当做何感想呢！

你是不是说，在生产事业中，资本和劳动是同样不可缺少的因素呢？我们倒要弄清楚。由于资本和劳动同样是创造财富的两个

① 比埃尔·奥古斯丁·卡龙·博马舍(1732—1799)，法国作家，卓越的喜剧作家。——译者

必要的因素，难道我们因此就可以得出结论说，在公正的观点上，资本家和工人是同样有功绩的人吗？这样一种结论是不合乎情理的。

你是不是说所有的资本家并不都是游手好闲的吗？我同意你这种说法。但是，为什么要使那些游手好闲的资本家得到那么大的利润呢？而在那些不是游手好闲的人们中，为什么要使富人比勤勉的人得到较多或相等的报酬呢？

你是不是说，这样做即使不太公允，至少也是有益的。不过，首先，一种把有益的和正义的东西分割开来的哲学是贫乏的和过时的哲学。其次，你敢于主张的是什么呢？如果社会把资本家所提供的非亲自参加的服务和工人所做的亲自参加的服务等量齐观，对于这个社会有什么好处呢？劳动是和劳动者一起死亡的；但资本是否和资本家一起死亡呢？在靠着集体资本而生存的社团的生活中，没有什么办不到的事，并且历史也给我们提供了关于这类社团的很多的例子。因此，人们可以设想一个没有资本家的社会，但是能够设想一个没有劳动者的社会吗？所以，虽然资本和劳动同样是必要的，但资本家和工人并不同样是必要的。社会的存在并不绝对取决于资本家，而它却绝对取决于工人。因此，如果工人得到的待遇不如资本家的话，那么，这就是把所有正义和真理的观念都颠倒过来了。这是由于文明误入歧途而造成的，这不是明显的事吗？

你能否认这一点吗？请注意，倘若你要这样做的话，你就没有资格来谈论公正、道德和进步；你就没有资格来谈论上帝。上帝就会消失而让位于最盲目、最粗俗的宿命论。

让我们再来谈谈那个两端论的说法吧。我们把原文归纳如下:“倘若资本是不合法的,那么它要求在产品中分得一份就是不合法的,所以就应当把它排除出去,而不应让它得到利息。”这只不过是一种诡辩。傅立叶的门徒们和我们一样清楚地知道,既存事实的力量是多么强大。不管社会组织是好是坏,它是由错误的观念、庸俗的偏见、普遍的无知以及存在了几世纪之久的传统邪恶所造成的。倘若我们想要得到一个实际的解决办法,那么就要很好地看清这一切。我们所以要求社会工场给资本家的资金支付利息,一种优厚的利息:第一,因为有必要使我们所提倡的社会工场不排斥任何可以促进它们发展的方法;第二,因为我们计划的目的既以整个社会的革新为终点,因此,需要邀请资本家们尽可能踊跃参加社团,以便迅速地把所有分散的力量集中起来。

“要达到这种目的,最好的方法就是使资本家分享利润。”

我们并不否认,在这种情形之下,对于资本家的吸引力不是很大的。但是,问题是要了解,为了吸引资本家,如果对他们的资金付给和国家今天付给公债持有者相等或更高的利息,这是不是够。因为,如果这样就够了的话,那么超过这个程度,那就将是疯狂的行为,因为这会是无益地牺牲原则的严肃性。然而我们说,社会工场一旦建立起来,资本家就会乐于参加到社会工场中来,因为由于这些社会工场的发展,个人投资的机会就将一天一天地愈来愈减少。

或许你要问我们,既然在我们的计划中个人资本的兼并迟早是不可避免的,那么有什么理由使我们对资本家照顾得这样多,并且要去把他们不可能不走的下坡路缓和到这种程度呢?其实,使我们采取这些照顾办法的理由，并不只是希望同无数的矛盾和根深蒂固的成见妥协，而且还有比这更多更好的理由。这就是改革社会而不把它推翻；给各种利益指出各种不同的和可靠的方向；不用野蛮急躁的方式来动摇即使是那些建立在流弊之上的东西，而这些东西是人们所要摧毁的，总之，要给将来作好准备，而不是粗暴地和过去一刀两断……难道这仅仅是一种策略吗？不是，这是一种责任。

“路易·勃朗先生的言论缺少一种基本的东西，缺少了这一点，他的言论就失掉了依据，我们所要说的就是确定那些和竞争有关的事实，因为这种被路易·勃朗先生根据它所产生的惨痛的后果而正确谴责的无政府状态的竞争，是结果而不是原因。要知道，如果我们要得出精确的结论，不是完全有必要来确定那些与竞争有关的前因后果吗？可是，这就是路易·勃朗先生完全忘记去做的。

“我们的确在他的文章中读到这样一句话：‘我曾说过，竞争是从个人主义中产生出来的。’但是，我们要想在路易·勃朗先生的全篇文章中找到一段关于他所主张的由个人主义产生竞争的理论，那是找不到的。我们现在还在寻找。——而且，在这里他把个人主义理解为什么呢？也许人们并不把个人主义理解为各种工业的分散，或理解为家庭分离以组成各种工业团体，不相联结并被迫彼此进行斗争，这就是说，不得不以一种无政府状态的方式进行竞争。对于这种工业的分散和家庭的分离，路易·勃朗先生只字不提。可是这就是他所悲叹的竞争的最大原因，是他提醒政论家和当局注意的所有工业上的和道德上的贫困的重要根源。这样的健忘不是一件奇怪的事情吗？怎么！你向我们推荐一种医治某些社会创伤的药品，你认为这种药品是合乎逻辑的和合理的;你要我们拿理性来判断这种药品,却忘记告诉我们产生这些创伤的原因!"[①]

《阿韦龙省和罗得省评论报》的编辑事前已经替我们答复了《法郎吉报》编者的这项非难。我们在此再来重复一下这一答复,这一答复是有力的,它说:

"有人曾向路易·勃朗先生提出(《法郎吉报》,1840 年 9 月 23 日):'为了医治竞争的祸害,也许应该追溯这个竞争的原因,那就是工业的分散,家庭的分离,并从根本上去打击祸害,而路易·勃朗先生却并没有这样做。'在我看来,这一指责是不公正的。

"竞争的真正意义(就是一起跑步)是不同的个人同时要求得到同样的产品,这种要求就带来了斗争。这种要求是一种从人类的天性中产生出来的原始事实;而不是家庭的分离和工业的分散的产物。人与人之间的竞争就像劳动工具之间的分散那样。这是两个同时并存的、有连带关系的和互为因果的事实。社团在代替了分离的家庭以后,确实可以增加生产,但是如果没有其他许多条件的协助,无论竞争或斗争是绝不会因此而被消除的。这是千真万确的,因此,在工业中,像在农业、商业中那样,劳动绝不是由分离的小家庭和家族来进行的,实际上它经常是由很多属于不同家庭的、在一定条件下聚集在一起的人群来进行的。我们甚至有理由认为,分离的家庭(分散方式)的生产在任何地方都是不存在的,并且也是难以想象的。既然资本、劳动和才干是生产的三个要素,就必须假定有一个可以自给自足的家庭,它永不仰仗别人的帮助,

① 见 1840 年 9 月 23 日的《法郎吉报》。

也不仰仗别人的工具、消费品和资金，简言之，一个和人类完全断绝一切关系的家庭，这至多只是某些野蛮人的情况。在我们一切社会中，家庭早已脱离了这种孤立状况，而在生产事业中结合起来，固然它们结合的方式是不完善的和不完整的，它们通过相互交换，通过借用或租用工具、才干和劳动力而不断地结合起来。和这种绝对孤立相适应的绝对分散也是脱离现实的。因此，这两者都不能成为产生竞争的原因。我再重说一遍，竞争和分散是两种并行的规律的两个原始事实，并且是互相支持的。攻击竞争，同时也就是攻击分散；破坏了分散，也就摧毁了竞争。家庭的孤立同时是由劳动工具的分散和工具所有者的竞争所造成的，因此，家庭的孤立必然是与这两者的命运相始终的。

"所以，路易·勃朗先生从直接针对竞争的角度来处理劳动组织问题，就把这个问题提到相当的高度。"①

《宪政报》专门为了说明我们的计划而登载了一篇对我们充满善意的论文。不幸的是我们的思想在这篇论文中虽然得到了说明，却没有受到讨论。作者仅用笼统的词句责备我们的前提过于夸大和我们的结论过于绝对。这是什么意思呢？我们听依据的事实，大部分引自官方报告的数字。就我们由此得出的结论而言，读者可以判断我们如何努力使逻辑服从于准备过渡的需要。那篇论文的作者写道：

"那些利害关系的环境，也许像我们的生活环境那样，需要一些可以使它纯洁的暴风雨，并且可以肯定说，不管暴风雨是怎样的

① 1841年2月15日的《阿韦龙省和罗得省评论报》。

强烈,时间久了平衡是会逐渐地恢复起来的。”[①]

但是,我们所叙述的祸害,难道是一种偶然的祸害吗?成千上万的工人,从出生到进入坟墓都在受着贫困的折磨,他们不是经常不断地在忍受着痛苦吗?这种可怕的斗争不是每天每时每到都存在着,并从这种斗争中产生了受到最残酷的灾难的磨炼的最丑恶的祸害吗?如果你用“暴风雨”这个名词来指工业危机,那么工业危机就是祸害的暂时的加重吗?还是全部祸害呢?你根据什么来断定工业危机可以澄清那些利害关系的环境呢?

在工业的风雨飘摇中,我们看到工厂倒闭,资本匿迹或被消灭,破产相继发生,财产相继倾覆,广大失业的无产者面色苍白,在叛乱和布施之间去寻找他们的面包;难道社会在这种崩溃的翌日就能找到最好的出路吗?时间久了,平衡会恢复吗?啊呀!你不知道你是把应该放在血迹斑斑的政治年鉴中的“华沙恢复了秩序”[②]这句名言搬用到工业史中来了!

在这自称是光明的世纪中,为了不让我们看见那些腐蚀我们的创伤,人们竟用黑暗把我们包围起来,这实在是一件怪事!难道否认创伤就能治愈伤势吗?我们多么像古代的那位哲学家啊!他在受到最大痛苦时叫喊着说:“噢,痛苦!你永远不能迫使我承认你是一种祸害!”这是多么幼稚的骄傲呀!我们要努力驱逐病魔,

① 见 1840 年 12 月 19 日的《宪政报》。

② 1830 年法国革命之后,在波兰华沙发生了一次革命的大暴动,这次暴动被残酷地镇压下去。“华沙恢复了秩序”这句话,是法国当时的外交部长赛巴斯底阿尼在国会中答复议员责问时所说的一句话。因为它是为了掩盖华沙流血惨重的镇压情况而说出来的,所以已成为政治历史上的名言了。——译者

为了向病魔挑战，我们不需要自己对自己说谎。

但是，竟有一些向上帝说出这样侮辱的话的人敢于肯定祸害是永恒的。下面就是《环球报》对我们的学说所提出的反对意见：

“谁否认目前社会秩序的创伤呢？当然不是我们。我们看到了被称为奴隶的非洲人以及被称为公民的欧洲人，我们从无产阶级生活的各个方面对这两种人进行过观察。当然，我们知道哪方面是最贫困。但是，大家经常谈到的这些物质上的不幸，被激进党刊物用来作为经常写作的资料，它们是否就揭示出人们想要谈到的极不正常的情况呢？是否就揭示出必须用一切代价排除的那种情况呢？还是相反，它们是一切人类社会所固有的只需稍加修改的（比较完善的立法所应该做的好事）不幸呢？我不想提出其他论点来证明这一真理，我只用你自己所提出的那个论点。你说：富人在共同受苦的折磨下，慢慢地屈服于一种神秘的创伤，并在表面幸福的气势中逐渐弯下腰来。

“你在写这几行时，是否想到从这几行中自然而然地产生出来的哲学推论？你只从中得出下面一个推论：使富人痛苦的就是穷人的贫困。这是背离唯物主义哲学的奇怪谬论，它和真理相抵触，并使真理变成谬误。事实并不是那样！造成富人的痛苦的并不是穷人的贫困，而如果可以这样说的话，穷人的贫困倒正是上帝对富人受痛苦的一种解释。你所说的那些神秘的创伤，使富人在其影响下逐渐屈服，难道这不是向你说明了，任何人类组织都不能实现物质上的幸福，都不能用纯人类的方法来实现这一幸福吗？”①

① 见1841年3月15日的《环球报》。

你真这样想么？你要用这种学说直接去否定一切进步吗？你有什么权利来肯定人类有责任去摧毁的祸害只是三分之一、四分之一或五分之一呢？在前进的道路上，许可达到的和不许可超过的界限固定在哪里呢？

你相信还是不相信进步呢？如果你相信进步，那么我抗议你规定它的界限。如果你不相信进步，我就不必再跟你讨论了。

人们把所有的祸害几乎都归罪于人性的堕落，实则应归罪于社会制度的邪恶。请看一下你的周围吧！有多少有能力的人安置得不恰当，因而就败坏了这些能力！多少活动因为找不到它们的合法的和自然的目标而变成了骚乱。人们强迫我们的热情受邪恶的感染，结果都变了质，这又有什么可以奇怪的？这是把一个健康的人放入传染瘟疫的气氛中，在那里呼吸着死亡的气息。

"基佐先生[①]曾经说过：人类天性本身就带着一种人类的努力所不能控制的祸害。在我们身上就有着紊乱。分配得不平均的痛苦是我们命运的天意法则所规定的。"[②]

这就是他们的哲学！这就是一种使人绝望的哲学——如果能称做哲学的话——但是，对于那种使群众受苦成为神圣化的制度，这种哲学是很合适的。

好吧！以下就是在这种制度下所需要解决的问题：怎样来说服这些被认为注定要受苦的广大群众得不到安慰而去受苦，毫无希望而去受苦，并且按照天意的法则而去受苦；又怎样去说服这些

① 法朗苏瓦·基佐(1787—1874)，法国资产阶级历史学家和反动政客。——译者

② 见1958年的《法兰西评论》。

群众，使他们相信自己应该听从自己命运的摆布呢？怎样去防止群众的失望呢？怎样去遏制群众心中所引起的那些不能满足的热烈欲望呢？

在古代社会中，忍受痛苦而没有希望的人就是奴隶。

摧毁了奴隶制以后，天主教做了些什么呢？天主教为了迫使它所不愿意解放的人民满足于他们自己的命运，就用“受苦将来可以受赏”这一著名的教条代替了古代的宿命论。它对这些不幸的人叫喊着：你们忍受痛苦吧，不要怨天尤人，因为痛苦是神圣的；你们要愉快地忍受着痛苦，因为上帝为了你们的痛苦保留着天堂的和难以用言语形容的补偿。

但是，这个教条对人们来说已经失去了它的力量。人们懂得这不过是一种阻止被压迫者起来反对压迫者的合法反抗的纯粹诡辩，这种不道德的诡辩已和作为它们的基础的暴政一起垮台了。

现行制度的哲学家、逻辑学者们，你们怎样来解决这一“听天由命”的严重的问题呢？被你们的哲学判定永远受苦的人，试问你们用什么道德上的控制来使他们停留在他们的贫困中呢？你们没有看到我们所经历的革命使人民觉悟起来，使他们了解到自己的力量吗？你们是否知道这具有魔力的要求平等的呼声，已经从社会的这一端响彻到另一端，深入到所有的灵魂深处，唤醒了那些至今还没有被人意识到的愿望呢？这就是你们应当重视的一件事实。不论这一事实是凶是吉，是受人赞成的还是受人咒骂的，它是存在着的；它控制着你们，并带动着你们。

当基佐在议会中大声疾呼说“劳动就是一个控制的工具！”的时候，他感到了这一问题的重要性。

我明白了：对于古代社会的奴隶就有宿命论，对于中世纪的农奴就有听天由命的教条，而对于现代社会的穷人就是忍受饥饿；让我们强迫人民为生活而夜以继日地去劳动吧；让他们的生活完全消磨在沉重的劳动中，不让他们有时间去想到自己是一个人，这样，世界上那些享福的人的安全就再不会被扰乱了。

这一切全都是梦想和疯狂！这个方法不只是野蛮的，而且在目前的社会中还是荒谬的。

如果要使"劳动成为一个控制的工具"，至少它所应当控制的那些人都不应当缺少工作。但我们已经证明，无限制的竞争的结果必然会使很多的工人失业和挨饿。

有一次，在王国的第二大城里昂，有成千的工人走出他们的工厂，目光炯炯，手中拿着枪；在广场上飘扬着一面大旗，旗上写着："不是在劳动中生，就是在战斗中死。"这一次，里昂的工人大约是缺少基佐先生的那个道德控制工具了吧！

在那种以道德控制工具为绝对必要的学说中去寻找这种道德控制工具，这是在目前制度下所办不到的事情之一，这是应该绝对解决的问题之一，并且，这是我们为了穷人的利益也是为了富人的利益、为了弱者的利益也是为了强者的利益、为了受苦的人的利益也是为了享福人的利益而提出的问题。因为，我们有必要在反复地说过多少遍之后再重复说明，为不幸的人们的事业辩护就是为整个社会的事业辩护。

"有一个暗礁是路易·勃朗先生没有充分注意而加以预防的：这就是对工人所受的祸害给予有力的同情就会引起对我们劳动组织的原则本身宣布一种严厉的裁判；这样就把那些与最近进行而

尚未完成的事业分不开的现象说成是制度本身的内在缺点造成的。”①

按照《世纪报》编辑的意见，他的结论就是竞争是一种新的体系，而这种体系还只是刚刚出现，需要加以改进。但是，人们只要稍稍注意阅读我们对这一体系所给予的批评，就会相信我们所攻击的正是它的那个原则本身。我们曾竭力证明我们所揭发出来的灾害在逻辑上具有什么样的关系，在竞争所产生的后果中，我们所强调指出的不是一些偶然的和临时的弊端，而是一些根本性的弊端，这是《世纪报》编辑自己也承认的，他在下面的几行中写道：

“对于自由竞争的谴责以它使劳动者受到最残酷的痛苦为基础，这是彻底改变劳动组织的必要的前提。路易·勃朗先生很清楚地建立了这个出发点。在阅读了这些充满着自信的、这样生动的篇幅之后，人们就了解到：作者确信应该以最大胆的尝试为代价，来阻止社会堕落，使它不致陷入可怕的大灾难中去。”②

作者又补充道：

“尽管对自由竞争作了这样多的指责，但还应该说，竞争带来的是利多弊少。对于人民痛苦的正当同情不应该使我们成为忘恩负义的罪人。在历史上的任何时代，群众的痛苦并不比今天少。今天，工人住的、吃的、穿的都比过去好。人民命运的逐渐好转成为一个不容争论的事实。这一好转尚未达到应该达到的程度，但是毫无疑问的是，贫困至少是比以前小得多了。”

① 见1840年8月22日的《世纪报》。

② 见1840年8月22日的《世纪报》。

我们本来可以简单而干脆地否认这一事实；因为我们能到哪本书里去找这一事实的根据呢？老年人的记忆可以给我们提供一些关于人民在旧制度下的物质条件的概念。但是，应该注意到，人们以一种表面上的确实性所引证的事实只不过和这一制度的衰微有关，和这一制度的腐败有关，它的腐败如此彻底，以致它就带来了这个制度的崩溃。其次，哪位历史学家写出了人民贫困的历史呢？只有一个人尝试着写这种历史，那就是蒙泰伊先生[1]。蒙泰伊先生所写的十六、十七、十八世纪的人民，在我们看来，并不比我们目前的人民更遭殃。

此外，问题并不在于要知道今天人民比他们祖先所受的痛苦是多是少，而是要知道他们受苦受到什么程度，他们为什么受苦。但是，我们证明了什么呢？我们证明了他们的贫困是深刻的；而这种贫困是由竞争的原则而来的；只要听任这一原则随意发展下去，贫困就会有增无减。

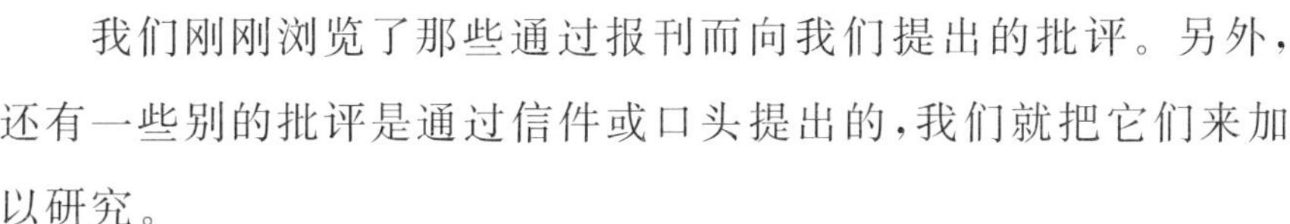

我们刚刚浏览了那些通过报刊而向我们提出的批评。另外，还有一些别的批评是通过信件或口头提出的，我们就把它们来加以研究。

有人问过我们，是不是消灭了国内竞争就不可能解决关税的问题。我们来谈谈这个问题吧。

有些人说，禁止进口的关税制度是有用的，甚至是必要的；因为如果不阻止某些外国产品的侵入，就会给国内的同样产品一种

[1] 蒙泰伊·阿尔诺-阿莱克西斯(1769—1850)，法国历史学家。他的主要著作是《各阶层的法兰西人的历史》。——译者

致命的竞争；而那些被这种竞争所威胁着的本地工业就会变成怎样呢？假如你不同情工厂主，至少也要可怜那些工人呀！你是否知道，当整个工业范围遭受波动时，这个注定要受罪的、只能以劳动为生的工人阶级要遭受多少痛苦，流多少眼泪呢？国家本来就是全国一切利益的保护者，它运用它的干预的权利来保护富人的发财致富的企图和穷人的工作，试问还有什么比这种干预权的行使更高贵的呢？

另一些人回答说，禁止进口的关税制度是不祥的，因为它对于广大的消费者是有害的；因为它强迫穷人和富人往往要出高价来买得他们平常可以廉价买到的东西。以禁止进口原料为例，那么这种制度是不祥的，因为它会使全国生产的源泉趋于枯竭，同时会剥夺就业的因素。倘若禁止进口的是制成品，这一制度也是不祥的，因为它使某些不能真正持久的工业受到一种后果不好和欺骗性的鼓励。还有，在这种保护之下，国民的天才会趋向颓废，试问这种保护有什么意义呢？不以鞭策来推进工业，而用背带把它背在背上，难道这种政权可以称得起是很明智的吗？一切关税会引起报复。我们在自己的港口拒绝任何外国产品，同样，外国也会在它的港口禁止输入我们的产品。所以，禁止进口的关税制度只有在使一些人破产的条件下才使另一些人得到好处。铁的关税过高就会直接妨碍产酒国家的繁荣。如果铁厂的主人眉飞色舞，葡萄园的主人就要发出痛苦的呻吟。使一切利益彼此发生冲突的保护该是一种多么令人惊叹的保护啊！使无政府状态严重十倍的干预该是多么令人感动的干预啊！

双方各执一词，喋喋不休！相对地说来，还是前面的那些人有

理。绝对地说来,他们是错误的。怎么办呢?很难作出决定,因此就产生一种拆中的理论,这种理论在今天似乎占着优势。人们相当普遍地认为,既然存在着不能一天就摆脱的客观情况的要求,那么,就应该保持寓禁关税或保护关税可以保持的项目;但是,从长远的观点看,可取消的就应该取消。这第三种意见看起来很有理由,实际上是相当幼稚的,按照提出这一问题的说法来看,问题是完全不能解决的。

事实如下:应当作为问题而提出的不是禁止进口的制度问题,而是自由竞争的原则问题。只要自由竞争继续存在,那么禁止进口的制度或保护关税制度就永远是必要的。请不要作空洞的争论,因为我要问,为什么人们竟把关税制度当做有益的和使人受惠的,而且在某些情况下还是不可避免的东西呢?答复起来很容易。为的是要保护本地的某些工业来抵制与之相竞争的外国工业的自然优势。但是,不建立这些本地工业,岂不是更好吗?毫无疑问,因为这些工业是在不利的条件下建立起来的;因为它们只能依靠全国消费者的供养才能维持下去;因为它们只有,可以这样说,吮吸所有其他工业的血液才能生存下去。那么,这些工业为什么要建立呢?你可以向工业自由的原则去请教。

显然,在这普遍对立——我们社会制度的苦果——的情况下,一切事情,不管是好是坏,都必须由我们去尝试一下;一切领域,不管是否能容纳所有奔向那里去的人,都必须由我们去占领。竞争是冒险的制度,它自然而然地推动人们走向盲目的生产;它促使人们目光浅短;它预先饶恕了一切冒险行为;它是个人主义的产物,冒险思想的生母。在它的笼罩之下,如果产生那么多疯狂的思想,如果在它使每个人的行动发生混乱时，有那么多本来不该尝试而又偏去尝试的工业，这又有什么可惊奇的呢？这就是祸害所在，这就是使关税制度成为真正必要的理由。建筑物一旦建立起来，即使是疯狂地建立起来的，也应该加以支撑，防它倒塌下来压死人！

如果国家的干涉是以一个合理地而又强有力地组织起来的工业制度为前提，那么国家是否还有必要通过海关、禁止进口、关税等办法来进行干涉呢？很明显，那是不必要的。

假如人们能够正确地实行我们所提倡的学说，关税问题立刻就会得到一个既简单又圆满的解决办法。的确，把社团的原则介绍到劳动中来，在所有本国工业中建立一种广泛的互助体系，难道这不就可以杜绝那些由于妄想或个人主义而产生的、后来又必须依赖合理企业来保护的不合理的企业吗？我们提醒读者注意下列一点，这一点在我们看来是新颖的：要消灭外国人在我们市场上所进行的竞争，唯一最好的办法就是消灭我们彼此之间在市场上所进行的竞争，换句话说，要想获得商业自由而不发生可怕的混乱和致命的骚扰，唯一最好的办法就是以社团和互助的制度来代替人们以工业自由的美名加以伪装的东西。

有人曾经对我们说："你们的制度不是把纪律性的规则介绍到工业中来吗？这些规则会把个人自由的一切动力与创造力都剥夺掉的。实行你们制度的必然结果，不就是在扼杀竞争的同时，削弱了那种被竞争刺激得这样强烈的人类活动吗？换句话说，在你们的制度中，自由——一切生趣的源泉——和竞赛——一切进步的源泉——将变成什么样了呢？"

什么！我们的制度会打击自由！恰恰相反，我们的制度会解放那些如今处境比奴隶地位还坏的、干一天活一天的无数群众。圣西门主义说,“国家是财产的主人!”这就意味着取消了个人。但是我们说:“社会是财产的主人。”区别很大,在这个区别上,我们是不能不竭力坚持的。

我们的制度会威胁自由吗?为什么会威胁自由呢?怎样威胁自由呢?社会工场的成员不都是自由的吗?他们不是通过管理工场的规章而得到保护,因而不受任何专横行为的危害吗?这些规章既“具有法律的形式和效力”,又规定了工人的地位、工人在生产中所应得的一份以及利润的分配,这些原则是任何人也不得违反的,因为有公共的力量来使它们受到尊重。就是在社会工场中建立起来的等级制度也无非是对自由的尊重;因为这个等级制度是以选举为基础的,并且给工人群众选派一些他们根据自己的利益认为可以做他们上司的人来做他们的上司。建立起这样一种组织,保证每个人都可以得到工作,并且都可以得到这个工作的合法报酬,这难道不是在最广泛的意义上尊重自由吗?

你俩谈自由吗?我们是以自由的名义、以真正自由的名义、以社会应该给予每个成员的尊重的名义来向目前的社会制度以及竞争所产生的无数暴政提出抗议的。

因为,奴隶是什么呢?

让我们研究一下事物的实质,我们不要咬文嚼字,像诡辩家和修辞学家所做的那样。

奴隶,就是那些衣、食、住都发生困难的人;也就是那些睡在空旷无人的豪华大厦外边台阶上的人。

奴隶,就是那些因为伸手向富人求乞而被处罚的穷人;奴隶,就是那些没有住所、因睡在行人道上而被逮捕的人。

奴隶，就是那些不幸的人，饥饿迫使他们去偷窃，同时他们等待着社会判决他们坐牢。

奴隶，就是身为父亲而把他自己的年轻儿子送到有碍健康的纺织厂里去呼吸恶浊空气的人；奴隶，就是身为儿子而把他自己年老的父亲送往市立收容所去死在那里的人。

奴隶，就是六岁就进入工厂的穷人家的孩子；奴隶，就是从十六岁就卖淫的穷人家的女儿。

奴隶，就是那些在自己的旗帜上写着："不是在劳动中生，就是在战斗中死"的人，他们写了这个以后进行战斗，并且牺牲了。

你们，现行社会制度的勇敢的维护者，你们在谈自由吗？但是，当你们敢于提出殖民地奴隶制度的问题时，那些殖民者会拿什么来回答你们呢？"我们的黑人比你们的按日计工的工人要幸福得多！"他们给你们证明了这一点。

按你们的说法，竞争对人类的活动不是有很大的刺激作用吗？是的，我承认这一点。但是，这是什么样的刺激呢？刺激的目的又是什么？竞争推动每个人全力以赴地去使别人破产。这里所谈的活动是在战场上展开的活动。竞争的本质是：只有使一些人遭到不幸才能使另一些人得到幸福。竞争鼓励一个制造商去发明机器，但是，由于发明的专利权，这个机器在发明者手中立刻就成为一个压倒他所有敌人的武器。

一种可以减轻人的劳力的工业方法被发明了，这就是所要得到的结果吗？新方法的幸运占有者知道得很清楚，在什么条件下他可以战胜他的敌手；他并不减轻他的工人们的劳动，而是将他们大批地解雇。这些被解雇的工人由于这种“进步”就有饿死的危险。这就是竞争使进步所付出的代价。只有当竞争使贪得无厌的人增大欲望时,它才能刺激精心经营企业和改善企业的精神。

尽管这个动力在本质上是恶劣的,但是如果它在社会的每个成员身上都能起作用的话,还是说得过去的。但是,为了战斗就需要武器;为了竞争就需要资本。因此,那些按日计工的工人就被抛在竞争所造成的运动之外。这样,在某些人身上竞争被推进到狂热的地步,而在另一些人身上,则完全没有刺激,甚至连一点希望也没有。这就是人们敢于以进步和自由的名义来支持的事物的真相。

如果你走进一个现代的工厂,你就会看到在那里有一些人,他们的活动受着赚钱欲望的刺激;并且也会看到,在这些人之下,还有数以百计的人干一天活一天,他们看不到任何利润,即使可以从微薄的工资中省一点钱下来,第一次的失业或第一次的疾病就会使他们立刻把这一点点储蓄花光。对于这些不幸的人来说,竞争又是什么呢?他们并没有进行战斗,只充当了战斗的武器。

富人是利用穷人来彼此进行战争的。

世界上人们最滥用的词,毫无疑问就是“竞争”和“自由”,尤其是自由。现在不是已经到了确定“自由”这一词义的时刻了吗?自由就是让人们按照自己的天性的法则去自我发展的权利。好吧!在我们的社会制度中,对大多数公民来说,这样理解的自由是否存在呢?我们早已证明,竞争为社会创造了一种强暴的环境,这种环境的不可避免的后果是把过度的和不断的劳动强加在工人身上。过度的和不断的手工操作使智慧的动力毫无用处,并且使感觉趋于低能。在一天连续十二、十三、有时十四小时的笨重劳动中，精神生活和道德感情还能不熄灭吗？而且这是什么样的劳动啊！在组织良好的社会中，细致的劳动分工对所有的人都有无可怀疑的好处，但是也使人变成了机器。

所从，如果对社会上一部分人来说竞争是一种刺激，那么对大部分人来说就是一种真正窒息的制度。

那些不要社会改革而糊涂地叫喊着“应该教育人民”的人们希望的是什么呢？很明显，这就需要给人民写书，刊印报纸，可是，即使人民有钱来买，却没有时间来阅读啊！这就需要强迫穷人把子女送进学校，可是，他们的孩子正需要从事劳动，使父亲不致被重担压得喘不过气来。

假如那个按日计工的工人能在手工劳动中抽出相当的时间，以便不完全忽略他在道德上和文化上的进修，那么人们就会同意我们的意见，认为在目前的情况下，这个工人所能受到的教育无论如何都只是一种很粗浅的教育。当教育只是在人的理解力上灌输某些已经形成的观念，在他的记忆力中灌输某些事实时，教育是不会有利于人的；只有当教育能够发人深思并在人的身上发生作用时，它才有利于人，因为人们在受这样的教育时才会发展。而很不完备的教育，不但无用反而是危险的。

厄德耳斯坦·杜梅里先生在题为《预算案的哲学》一书中说过：“1821 年，英格兰在校人数占全人口的十七分之一，但所处罚的罪犯的比例数却大于威尔士，该地受教育的人数只占人口的二十分之一。”在普鲁士，在某些省里，罪犯的数字仿佛是和学生的数字成正比的。在 1816 年有人统计，在各省的每一万居民中：

省　　份	每一万居民中的学生人数	在下列人数中就有一人犯罪（1817年统计）
萨　克　森	1 492	506
威斯特法伦	1 394	639
普　鲁　士	1 030	1 405
波　　　森	327	2 197

这些数字是值得注意的。虽然有人多多少少地轻视统计，但当数字与逻辑完全符合时，就应该对数字加以重视。使人民对他自己的处境不满，在他的心灵中唤起嫉妒，启发他的野心而他在不能得到满足时就变得狂暴，并且给他的思想开辟一个途径，他循径前进时却又不能不误入歧途，这就是一切不成熟的教育或遵循现行社会制度所依据的原则而进行的教育所自然而然产生的结果。

所以再谈到我们所提倡的这个制度，首先就可以发现这个制度有一种优点，那就是它不但不摧毁竞赛心，而且还使大家都有这种竞赛心并使这种竞赛心纯洁化。既然社会工场的成员通过社团的成就都可以平等地得到利益，那么在这些成员之间就不会缺乏刺激。个人的利益就这样成为人类活动的动力而和公共利益不可分割，所以个人利益将失去它今天所有的一切可恶的和反社会的成分，而并不丧失它的动力。

另一方面，在这个制度中，对任何工人的文化上的和道德上的发展都不会再有什么阻碍了，因为一切科学发明，在社会工场中如果不使利润增加，就使休息时间增多，并且也使工人得到闲暇以便受到文化方面的培养。不用说，在一个保证了并一天一天在改善着工人（一家之主）生计的制度下，不会再发生把一些需要空气、活动和自由的七、八岁的可怜孩子活埋在一个工厂里的现象。那时，工厂再也不会像今天这样使学校关门！

这就引导我们去研究另一个反对意见，这个反对意见是：

“你一方面要想缩短工人的劳动时间，另一方面又要想扩大他们享受的范围。这两个结果似乎是互相矛盾的：如果减少人民的劳动，一般的利润就不会增加。”

这是一种错误。即便让工人每天只劳动七小时，应分配的利润总额仍然会有显著的增加：

第一，因为当工人为了自己劳动时，他就会热情地、专心一致地和快速地去完成他今天缓慢地和厌恶地所做的事情；

第二，因为社会中不会再有这一群依赖着今天普遍的混乱而生活的寄生虫；

第三，因为生产运动不再会盲目地和混乱地进行，而盲目的和混乱的生产则带来了市场的商品积压，并使博学的经济学者们认为，在现代的国家中，贫困就是从生产过剩产生出来的；

第四，因为竞争既已消失，我们就再没有任何理由可以悲叹不可计算的资本损失，这种损失在今天来说造成了工厂倒闭、相继发生的破产、商品滞销和工人失业，以及过度的和不断的劳动在劳动阶级中所产生的疾病，总之，一切直接从竞争所产生的灾害。

“但是，在你们的制度中，国家如果不是工业企业者和投机者，至少也是一个市场的调节者。价格是否能像竞争时那样调整得同样合适呢？”

对于这一点，我们的回答是：从真正字义上来理解，竞争是绝对不起任何调整作用的。竞争使整个市场成为一个陷阱。由于它的变化无常的影响，有时生产者被迫亏本抛出产品，有时消费者受人无情地勒索。有人曾经主张，竞争的好处就在于它能在生产要求和消费需要之间建立起一种正确的关系。没有比这个主张更加虚假的了。我们假定有几个运输公司相互竞争地经营着我们的交通路线，这种竞争就给车票决定某一价格。但是，如果在三个运输公司中有两个由于竞争的结果宣告失败，那么旅客立刻就要付出三倍的票价。换句话说，需要仍然是原来的需要，而对需要的要求却改变了。

还能想象有比这个更横暴、更荒谬的事情吗？

其次，如果要判断竞争在生产者与消费者之间的关系中所产生的规律性，那么只要观察一下下面的事实就够了：在竞争的影响下，几乎所有的产品都走上了伪造的途径，甚至关系到人的健康和生命的产品也是这样。因此，商业竟成为一种可怕的说谎科学……简单地说，竟成为一连串没有止境的不受法律制裁的偷窃行为了。所以，归纳起来要知道的是，在确定事物的价值时，“调查研究”是否要比“意存侥幸”好，“规律”是否要比“武断”好，“法律”是否要比“无政府状态”好。

“你们的制度在社会成员之间所建立起来的共同一致，是否会产生取消财产继承而威胁家庭的结果呢？”

家庭的存在如果和继承原则是不可分割地联系着的话，我们就可以接受这一反对意见，因为在促使社会仰仗集体资本来维持生存时，我们就造成一种状态；在这种状态中，取消继承权即使不是必需的也至少是可能的。

但是，大家是否了解，直到现在为止，人们为什么把继承权的问题和家庭的问题看做是绝对相关的呢？在目前社会制度下，继承权和家庭是分不开来的,关于这一点,是毫无疑义的。造成这种情况的原因恰恰存在于我们所攻击的社会制度的缺点中。因为一个年轻人走出家庭进入社会时,如果他既没有财产又没有人推荐,而只凭自己的能力,那么有多少危险在等待着他,他每走一步都会碰到障碍,他的生活要消磨在一种无止境的、可怕的斗争中。在这一斗争中,他可能胜利,但也冒着极大的失败危险。这一点,凡是有父爱的人都应该充分注意到。在我们这样的社会中,如果一家之主不设法为自己的孩子们积累资金,那他显然就是拿他们的前途进行赌博。所以,在这样的社会中,家庭把遗产看成是必要的条件。但是,让我们来改变一下我们所处的生活环境,让我们使每个为了为社会服务而进入到社会中来的人能在社会上确实找到自由发挥他的才能的机会,并找到分享集体资本的办法。如果创造了这种条件,那么父亲的筹划将被社会的筹划所代替。事情应该这样。婴孩由家庭来保护,成年人则由社会来保护。

有人对圣西门主义者说过:“没有继承权就没有家庭。”他们回答:“好吧!让我们把家庭和继承权都摧毁吧。”从反面来看,圣西门主义者和他们的对方同样都错了。事实上,家庭是一种“自然的事实”,任何假设都不能把它摧毁的;继承权则是一种“社会的习惯”,社会的进步可以使它消灭的。

怎么!难道说,儿子以迫不及待的心情计算着生父的余年,这就是“事物的本质”吗?这就是合乎自然法则的吗?“某人富起来了,因为他的父亲刚刚去世!”产生这种联系说法的条件是家庭本质所固有的吗?不,不是的!你们谴责自然,要它对你们社会制度所必然产生的弊端负责,这是你们诬蔑自然。使家庭的存在绝对从属于一个起腐蚀作用的并且已经腐化了的文明法则，这是你们侮辱家庭的神圣性。

今天，没有一点东西留给他自己孩子的穷人，有家庭吗？请回答吧。在我们所处的恶浊环境中，如果他有一个家庭，那么这个家庭在某种程度上不是可以没有继承权而存在吗？如果他没有家庭，那就请你们证实你们的制度是公正的，并请赶快来证实这点……家庭不应该是一种特权啊！

如果我们单从给予那些尚不能自给自足的人的教育的观点来看，那么，在家庭生活中一切都是可以赞叹的和动人的。并且，在这种关系上，家庭是社会的必要基础。但是，如果你越过这点，把家庭和继承权联系起来，你就立刻会在社会利益和家庭利益之间划上一条鸿沟。

继承原则给予某甲的一件东西，不就是从某乙手中夺走的东西吗？这不就是让这一个人有权去发展惰性吗？这不就是事先把那一个人的智慧和他的活动所不可缺少的工具夺走吗？当富人向贵族叫喊说："你们做了些什么？你们只不过是在使自己生下来的时候作了一番努力！"这时，贵族不是也可以向那些因得到遗产而成为富人的人反问："那么你们呢？"

关于这一点，让我们来总结一下吧。家庭和继承权只是相对地和在某种社会制度下才是分不开来的。家庭是从上帝那里来的，继承权则是由人造成的。家庭像上帝那样，是神圣的和永恒的，继承权则注定要走社会的变革和人的死亡的同一道路的。

但是，在目前的社会被改变以前，对于家庭中继承原则的热烈支持不会被认为是太过分的。继承权如果在全部社会制度改革之前取消的话,那就会产生很大的混乱,并且会造成很大的不幸。那些原因我们已经解释过,我们不再多说。

谁敢起来攻击他那个时代的偏见,谁就要受到庸俗的指责。我们现在还需要驳斥的,就是这种庸俗的指责。人们少不了会对我们说:“你们是空想社会主义者”,啊! 这是真的吗?

政治经济学是一种关于事实的科学,这是无可争议的。但是,真正的幻想家、真正的空想社会主义者是个什么样的人呢? 是那在特定的历史时期仅仅注意到那些现存的但却显然不能长久继续下去的事实的人呢? 还是那主要地关心着那些还没有存在但一定要出现而且马上就要出现的事实的人呢? 整个问题就在这里。这里有一幢房子,墙壁上到处都裂了缝,你却冒着压死的危险坚持要住在里面,试问你自信是个实事求是的人吗?

这里的问题是,构成近代史的是哪些事实呢?

在精神方面,是各种思想的斗争或者怀疑主义;

在社会方面,是各种利害关系的斗争或者无限制的竞争;

在政治方面,是各种权力的斗争或者无政府状态。

一个可以这样描述的社会能够持久吗? 这不就是那所百孔千疮的房子吗?

此外,在我们所攻击的那个党派内部,没有一个明智人不开始了解有必要来一次社会大改革的。我还能说什么呢? 来一次以这本书中所阐述的原则为基础的社会改革。从那篇发表在《两种世界评论》上的出自德·卡尔内[①]先生的手笔的论文中,我们可以看

① 路易·德·卡尔内(1804—1876),法国政治家兼历史学家。——译者

到下面的话：[①]

“那个以不断的努力来主张劳动组织的学派所依据的看法，是值得我们十分认真地加以注意的，因为那些善良的思想家定必感到他们几年来在发挥他们的思想时无疑地遇到的障碍。……而在实践中，的确，发生了什么事呢？没有一个人不知道，而且每个人都在对那些逐年加深而找不到补救方法的创伤呻吟悲叹……如果在这么多的痛苦面前，一些勇敢的思想家企图整饬他们认为是混乱的局面，那又有什么可惊奇的呢？在厂主和工人之间，国家出面干预；为了社会的最高利益，对于劳动自由像对于政治自由本身那样进行限制；政府关怀生产是否适应需要和有无销路，以便通过明智的干预来防止受骗和灾难；最后，由国际法像已经限制军事力量的竞争那样来规定并限制工业力量的竞争，所有这些思想其本身并没有什么奇怪的地方，但是，看到共和派的政论家却把这些思想当做他们的原则的最终结果而在欧洲进行宣传，这就未免有些突兀了。”

我们可以答复德·卡尔内先生，他所认为突兀的只不过是很简单的事情；真正的民主学派从来就不宣传自由主义的那些狭隘的和无政府主义的学说；放任主义只不过是今天掌握政权的人所利用的工具，并且这些人用了十五年的时间去宣传那种破坏性的学说才得到了政权。但是这和我们所说的无关。我们引用德·卡尔内先生的文章，只是为了对付那些有意把我们叫做“空想社会主义者”的人。让我们继续下去：

① 见 1841 年 9 月 1 日的《两种世界评论》。

“激进党中略有声价的人写出的文章，没有一篇没有这类思想，没有一篇不让你看出其中有一种明显的努力，以求通过工业因素来改变政治因素。今天在民主党的行列中，向竞争宣战和1789年革命运动时向特权宣战的口号一样，已成为一种使人信服的口号了；廉价出售这一想法一向是同那个学派格格不入的，而那个学派，由于十年前没有料到种种失望和新的事实作为一个致命的打击已经肯定使它得到什么结果，现在却不得不利用廉价出售来恢复它的威信。”

十年前，民主学派还刚刚形成，德·卡尔内先生所说的民主学派的十年前的学说实际上只是自由学派的学说，而今天自由学派正在盛行，并且可以肯定，人们还不能说它从种种失望和新的事实中有所领悟；因为这一学派到现在还停留在它那些由来已久的谬误中，它以一些不可置信的贫乏理论来宣扬它可以统治世界的主张。我们应当十分注意的是：德·卡尔内先生也承认我们的思想有力量来给那些支持这些思想的人获得很大的威望！德·卡尔内先生在引证了我们曾经给廉价出售所下的定义（参阅本书第63页）之后，又补充说：

“这一段相当完整地总结了这一经济学说，这种经济理论的发展是那些深思熟虑的思想家所不能不以好奇的心情加以注意的。萨伊的学生们无疑地会非难路易·勃朗先生，说不能这样过早地批判竞争和贸易自由的制度，而且也不可能在尚不充分实施和大多数欧洲政府还在抗拒它的时候就对它进行彻底的谴责。”

萨伊的学生们如果用德·卡尔内先生鼓动他们去说的那些话来非难我们，那么我们就会提醒他们，正是由于竞争得到泛滥，它的祸害才加重和增加;这是一种不可争辩的事实;因而大家就不应该强调人们对竞争原则尚未完全付诸实施而得出有利于竞争的结论。此外,我们也请他们注意,他们把竞争和自由贸易很不恰当地混为一谈,这是两件不同的事情,竞争的理论根据和自由贸易的理论根据是丝毫没有联系的;而且相反地,在竞争存在时,就不可能有贸易自由。但是由于我们在笔战上花了很多时间,因而忘记了为什么要引证《两种世界评论》的那篇论文。卡尔内先生在论文里扼要地叙述了我们的学说,以及我们的学说在阿道夫·布瓦埃先生的杰出著作[①]中所得到的发展,和在布雷先生的重要著作《论法国和英国劳动阶级的贫困》中所得到的阐明。接着,他回忆了法国的民主宣传是在多种方式下进行的这一事实,并把他刚才所引证的那三本书归入那一种宣传的范畴,然后他说:

“一个有远见而精明的政府会防止人们滥用那些能在群众中发生力量的思想,以免误入歧途。它会采取一些只有它本身可以谨慎地、毫无危险地执行的措施。去年,当几千工人带着威胁的神气安静地走过首都的街道时,当他们在和平和商业繁荣的日子里停止他们的劳动,在党派的激烈煽动下讨论最复杂的问题时,政府的首要任务就是要用力量来消弭这种越是无知就越加危险的暴动。可是,在完成了这个任务之后,它应该去继续完成另一个任务。政府也必须提出由那些党派所提出的问题。政府应该自问,对于那些没有规则也没有监督的、完全受事变和命运摆布的事情,以国家活动的唯一方式,它可以干预到什么样的程度。是否可以

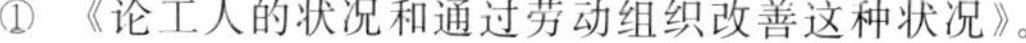

① 《论工人的状况和通过劳动组织改善这种状况》。

在工厂主和工人之间进行一种关于劳动条件的有益的调停呢？政府是否有权根据需要和销路的真正尺度来限制竞争呢？是否应该防止政府通过监督我们产品的输出，来保护法国在国外市场上的荣誉和信用呢？最后，当新社会的结构建立在集中统一和行政作用上时，这一双重原则是否能对人数最多的和最易骚动的人们的利益漠然无视而存在呢？严肃认真的人对各民主学说的研究所应得出的主要结论，肯定就是以坚定的意志对这些问题加以研究，以便采用与那一经济学派所用的完全消极的原则迥然不同的原则来处理这些问题，这一经济学派的前途是会受到严厉的教训的。”

这种语言够清楚吗？我们对于一些庸碌之辈报复得够了吗？这些人以他们的见解来衡量真理，对于他们所不了解的一切都宣告是行不通的，并且把由于他们的过于无知而不能讨论的问题，看成是不值得攻击的空想社会主义。这些家伙总有他们的一大套词汇，他们采用这些词汇并傲慢地把它们当做是一些概念。他们是一些污蔑新思想的、毫无用处的思想家。

先生，你不是对你们一派以外的思想都加以愚蠢的嘲笑吗？你怎能这样极端不公平，用“乱党”的字眼去侮辱那些做研究工作的人，而据你自己承认，这些人所做的正是政府应做的事呢？这么说来，我们是一些乱党，然而，你却建议政府应当把握我们的思想以便加以实施！我们是一些乱党，然而你也承认，不仅我们所揭发出来的祸害是真实的、不可胜数的，而且我们还指出了它们的真正原因，并且，至少到今天为止，我们还提出了可靠的补救办法！你天真地劝告政府来把握我们的思想！这是一种值得赞许的劝告。但是，我们敢说现政权绝不会采用我们的思想；首先，因为目前的政治家是过于庸碌无能了，他们不敢去尝试做一些伟大的和豪迈的事情；其次，因为他们所效劳的有关方面过于盲目，以致他们不会对压迫的愚蠢性进行了解。

真的，他们并不是没有得到警告。我开始写这本书时，头几行就是在骑兵队几乎猛冲到我的门口时写出的。这是在马孔港正在流血和格雷蒙[①]正在冒烟的内战废墟中恢复了秩序的消息传来时继续写下去的。难道我们注定要看着这些悲惨的场面不断重演吗？难道这些诉诸仇恨的强烈呼吁永远是唯一可以使人听到的呼吁吗？为了预防，就出动警察；为了镇压，就采用枪炮。啊！这太过分了！这太过分了！但这还不够，还用机枪把反抗者活活射死，死了以后还要加以侮辱……请你相信我的话，这还不够，只要科学不反对叛乱的思想，骚乱就会像一个必须用鲜血来装满的达那伊得的无底桶[②]。促进社会各阶层的彼此接近，使它们了解它们的利益是连带关系，使它们团结在一种高尚的、和谐的和博爱的感情中，这就是一切真诚地热爱他的国家的人的责任。但是，在以绝对的手段去破坏上述那些劝告的效果的制度中，这些劝告又有什么价值呢？所以我们应当在这个制度的罪恶上着眼。还有哪种研究的主题比这个主题更丰富更高尚的呢？但是事实并不如此。人们如果面临着这么多的痛苦而有动于衷，如果希望结束这些痛苦、研

① 马孔是巴黎东南约三百公里的一座城市，位于索恩河西岸；格雷蒙是巴黎以北约五十公里的一个城市。——译者

② 达那伊得是达那斯的五十个女儿的名称。她们奉父亲的命令，在她们新婚之夜，各把自己的丈夫杀死。只有一个女儿，名叫伊伯内斯特尔，没有杀死她的丈夫，他名叫林塞，以后他杀了达那斯和他的女儿。达那伊得被判在地狱里用水装满一个无底桶（见神话）。——译者

究它们的根源和影响、揭露它们的本质、寻找补救的方法，就会被那些“实践家”说成是一个幻想家、一个空想社会主义者、一个危险人物。遗憾得很，这些“实践家”的智慧并不那么高超，因而他们就不能不时时受到残酷的否定。这些否定来自谁呢？就是内战。

关于这一主题，让我们再来谈几句。在路易十五统治下的最后几天，有一个人说出了下面这些话，人们会怎样来谈论这个人呢？这个人说：

“你们看看教会的权力吧！一个人刚出生在世界上，就在摇篮旁边有了教会。在他的童年时代，教会就按照它的意愿来培养他；等到成年，教会容许他成亲并允许他做父亲；当他临死时，教会接受他最后的一口气；死了以后，教会把他埋葬起来；当他被放入坟墓后，教会仍在另一个世界的神秘中追踪着他，并且用他的灵魂来给活着的人当做一个希望和恐怖的教材。教会像统治着乞丐的良心那样统治着国王的良心。教会的权威也被那些没有屈服于它的训诫的人所承认；一切尘封的壁龛里都有基督被钉在十字架上的受苦之像，一切卧室都有祈祷的跪凳。建筑、雕刻、绘画、天才的著作、优秀的艺术，这一切都用来标志教会在社会上的活动和它的最高权力。这种影响扎在人们心灵的深处，它是由许多世纪屈服在同一信仰之下所造成的，怎能摧毁这种影响呢？所以教会的精神上的权力的确是很大的，但并不比它的政治权力更大。路易十三时代，法国被黎塞留神父[①]统治

① 阿尔曼-让·杜·普勒斯·黎塞留(1585—1642)，公爵，红衣主教，路易十三的宰相，1624年起，成为法国的实际执政者。——译者

着;路易十四幼年时代,由马扎蓝神父[①]统治着;路易十四老年时代,由勒特利埃[②]神父统治着;摄政王时代,由红衣主教杜布瓦[③]统治着;今天,路易十五时代,法国被又一个教士红衣主教弗勒里[④]统治着。至于教会的财富,它们是庞大无比的,神职界在岗布利西[⑤]的1 700把犁耙中占有1 400把;在弗朗什·贡戴[⑥]大部分财产是属于享有固定收入的修士的:9 000个别墅,25.9 万处出租地或农场,16.3 万法国公亩葡萄园。以上这些就是教会在法国的物质力量的基础,每年的收入相当于 12.2 亿法郎。[⑦]

“好吧!再过几年,这个庞大的力量就要消失了。信仰自由的原则将代替教会在精神上的权力,没有人再会相信教会的话;它的传统将受到公开的藐视,教会的广大财产将成为国家的财产,而它的成员将得到工资作为交换条件。

“你们看看国王的权力有多么大!国王的那些疯狂行为足以证明他的势力可以达到什么地步。路易十四使法国浴血,却竟能逍遥法外;摄政王把法国劫掠一空,而没有受到处罚;还有路易十五使法国失去了荣誉,而没有受到处罚。国王的宫廷费用高达

① 季里奥·马扎蓝(1602—1661),红衣主教,1643—1661 年路易十四在位初期的执政者。——译者

② 米歇尔·勒特利埃(1603—1685),路易十四的宰相。——译者

③ 季优姆·杜布瓦(1656—1723),奥尔良公爵摄政时代的宰相,性格恶劣而奸诈。——译者

④ 昂德莱·埃尔居尔·德·弗勒里(1653—1743),主教,路易十五的老师,1726 年任宰相。——译者

⑤ 法国的古地名,在现在的诺尔省。——译者

⑥ 见 1731 年 5 月 17 日法国国王敕令的引言。

⑦ 见弗勒里主教给路易十五的参政会的信。

2 500万法郎[①]:国王赌博所输的钱可以养活几千穷人;国王个人的投机事业[②]可以产生使人民陷于绝望的人为饥馑;国王为自己的利益而进行庞大的垄断;国王为了使他的侍臣和情妇发财,能随意使谷子的价格涨落[③];国王拥有各种各样的产业可以赏给蓬帕杜尔夫人[④],例如克莱锡[⑤]的田产,奥尔奈[⑥]、贝尔维[⑦]、摩纳尔的行宫,圣勒米[⑧]的庄园,埃夫勒[⑨]大厦,爱丽舍-波旁[⑩]宫和埃尔米达日[⑪]别墅;国王有的是金钱,可以把250万法郎[⑫]赏给从一个警卫剑客那里霸占的宫女杜巴里夫人[⑬],作为对她宠爱的表示;国王嘲笑我们妻子的贞操,又让我们那些女儿的童贞作出肮脏的贡献;人们对这些非法的勒索、这些耻辱和这些丑事只敢低声咒骂。这一切不都表现出国王由于人民的无知、廷臣的卑躬屈膝、王权的威

① 见1774年向路易十六的报告书《报告汇编》,第114页。

② 见苏拉维:《君主政体的衰微》,第3卷,第313页。

③ 拉克勒泰尔:《十八世纪》,第4卷,第298页。

④ 蓬帕杜尔夫人(1721—1764),侯爵夫人,法王路易十五的情妇,颇得路易十五之宠。——译者

⑤ 克莱锡,法国的一个小市镇名,以此命名者有三:一在塞纳马恩省,一在松姆省,一在安纳省。此处所说的克莱锡是指其中一个。——译者

⑥ 奥尔奈,法国的一个小市镇名,在下夏朗德省。——译者

⑦ 贝尔维,法国的一个市镇名,在塞纳瓦兹省,距凡尔赛七公里。此处有专为蓬帕杜尔夫人所建之行宫,壮丽绝伦,建于1748年,今已无存。——译者

⑧ 圣勒米,法国的一个市镇名,在罗纳河口。——译者

⑨ 埃夫勒,法国厄尔省的首府。此外还有过一个名叫埃夫勒的公爵。估计上述地名,即由埃夫勒公爵之名而起。——译者

⑩ 爱丽舍,在巴黎。建于1718年,原为埃夫勒公爵而建,以后蓬帕杜尔夫人和波旁女公爵都曾居于此宫。即现今法国总统所居之地。——译者

⑪ 埃尔米达日,蒙毛兰西山谷(在塞纳瓦兹省)的一所别墅。——译者

⑫ 见苏拉维:《君主政体的衰亡》,第3卷,第155页。

⑬ 杜巴里(1743—1793),法王路易十五的宫女,颇得路易十五之宠。——译者。

风、刺刀的暴力和传统的影响，在法国所能做出的凶狠而横暴的事情吗？

“好吧！再过几年，你们就会看到王室被屈辱、被辱骂、受到限制和受到审讯的局面。资产阶级的议会将对他的所作所为进行清算；司法人员将傲不为礼地坐在那里接待他；人们将把他的司礼官当做仆役；他的那些大臣将成为人民的公仆。一天（可怕的一天）到来时，人们将把他送上断头台，就连罪大恶极的犯人在行刑前被允许做的事也不准他做……，因为国王的话本来是最有权威的，但他一旦落在刽子手的手里，他的话就被刑场的鼓声所淹没了。

“请你们再看一看贵族的权力有多么大吧！它一方面依靠着国王，另一方面又依靠着教士。公共职位是专门保留给贵族的；他们拥有宫廷的各种官职，享受一切恩俸，充任军队里的军官；王宫中的最大官员也是从他们的内部选拔出来的，这些大官享有出卖下属官职并把卖得的钱中饱的特权。为了发财致富，可以享有**关卡金、地租、徭役、永远管业权以及各种各样的人身奴役权**。他们可以打猎；可是农民也去打猎的话，就会被判处徒刑[①]。他们拥有上、中、下三等法院的审判权，他们备有刑具、枷架和铁锁。死罪的判决由最高法院复审，这还不过是最近的事。在农村中，他们有这样大的权力，以致他们能使人像耕地的牲畜一样去拉车；为了不叫青蛙搅醒贵族夫人的清梦，就叫一群不幸的人通宵拍打着池塘[②]。还有什么可说的呢？长期以来，就允许一个贵族可以用五个苏的

① 参阅 1789 年 8 月 4 日的通令。

② 见勒干·德·盖朗日尔 1789 年 8 月 4 日晚的演说。

代价来杀死一个贫民。

“好吧！再有几年全部贵族都将被消灭掉。一夜的时间就足以使封建制度全部崩溃。是的，在这一夜，农奴这个名称将从语言的词汇中取消，永远管业权将被摧毁，贵族法庭将被废除，贿收特权将被消灭，卖官鬻爵将被禁止，什一税可以赎买，公民都可以充任一切职位。而最令人痛快的事，就是这些反对贵族的改革是由贵族自身来达成的：贵族对自己宣告了判决，并将不可挽回地铸成自己的崩溃。①

“这还没有完。今天的工业是隶属在行会头子和工场主的制度之下的。

“好吧！通过所有革命中最突然的和最深刻的革命，人们将宣告无限制竞争的原则。

“因此，在不久的将来，今天社会的一切都将丝毫不留，绝对丝毫不留。”

我再问一次，如果在1789年前几年，一个人说出这样奇怪的话，大家会怎样看待他呢？人们是否会把他叫做空谈的理论家、慷慨的幻想者、空想的社会主义者和疯子等等呢？可是，他说的是真理，那些把他说成是疯子的人却因此证明他们自己是没有远见的和盲目的。

新社会制度的拥护者，今天恰好就处于这个人的地位。并且，可以肯定地说，在目前制度和实施我们的理想之间的距离，要比1789年前夕的社会和后来存在的社会之间所存在的距离小得多。

① 1789年8月4日晚。

第二篇

论著作权

I　祸害的本质是什么？

著作家很多，只有一部分是富裕的，很多则死于饥饿。自由已经破产，出版业已经亏本，读者的趣味降低了。在这么多华美、丰富的书籍中间，知识领域从来没有现在这样贫乏……。这就是祸害，这个祸害是庞大无边的。人们提出了哪些补救的办法呢？就是这一条把作者的著作权从他死后二十年延长到三十年的法令吗！噢！吉斯特费尔德[①]勋爵在送他的儿子去访问欧洲的那些重要的宫廷时，对他的儿子说："去吧，我的孩子，你去看看世界是被多么贫乏的智慧统治着的！"他这样说是有道理的。

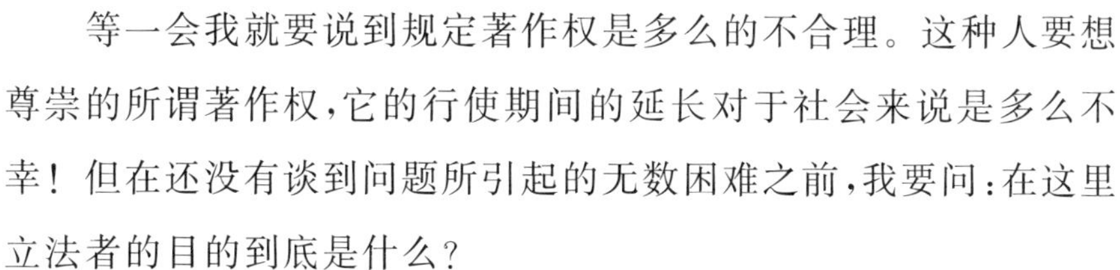

等一会我就要说到规定著作权是多么的不合理。这种人要想尊崇的所谓著作权，它的行使期间的延长对于社会来说是多么不幸！但在还没有谈到问题所引起的无数困难之前，我要问：在这里立法者的目的到底是什么？

---

① 菲利浦·吉斯特费尔德(1694—1773)，英国政治家、作家。——译者

他们的目的显然是要尊崇作家的职业，把它看成是行业，一种挣钱的方法。但是使文学成为一种工业生产方法，这是否合理和符合公共利益呢？社会上有很多人为了发财或甚至为了生活而写作，这是好现象吗？我认为这不是好现象。

理由很简单。一个作家要正确地完成自己的使命，他必须不为人们的偏见所左右，应该有勇气不怕得罪别人而做出于他们有益的事，总而言之，应该从精神上来影响他们。这个使命是伦理学家的使命，也是作曲家的使命；是哲学家的使命，也是诗人的使命；是使我们流泪的那种人的使命，也是使我们发笑的那种人的使命。一个作家的精神产品所具有的形式并不重要。在博马舍和尼科尔[①]的作品中，在莫里哀[②]和帕斯卡尔[③]的作品中，这种无上的权力都同样是真实的。

是的，文学对于社会有指挥权。但是，如果著作家堕落到把文学当做一种行业来做，如果他只是为了“积累资金”而写作的话，那么这一指挥权会变成怎样呢？迎合公众的趣味，顺从公众的偏见，培养公众的无知，附和公众的错误，支持公众的恶劣情欲，最后写出的作品对公众是有害的然而却是他们所欣赏的……这是任何生财有道的人的必要条件。怎么！你得到了我给你的金子，却来羞辱我的愚昧，责备我的自私，在我享受掠夺得来的果实时打搅我；你使我对于未来感到恐惧！先生：你的智慧的价钱太贵了，去你的

① 比埃尔·尼科尔(1625—1695)，法国的伦理学家和神学家，著有闻名的《试论道德》一书。——译者

② 让-巴底斯特·卜格兰·莫里哀(1622—1673)，法国名剧作家。——译者

③ 勃莱士·帕斯卡尔(1623—1662)，法国的科学家和哲学家。——译者

吧。这样,著作家的思想就失去它的教育性质和它在精神上的权威了。如果作家仰仗公众的恩赐,他就会丧失指导社会的能力,甚至会丧失指导社会的欲望,这就像一个国王放弃王位似的。

毫无疑问,所有的精神产品不见得都会有同样的重要性。然而,一切著作,甚至从表面上看起来好像最没有价值的著作,对于社会都会起着或好或坏的作用。著作没有权利只去做群众的消遣品,因为要使人们获得安慰,它就必须能够打动他们的智慧和心灵。顺便说来,这就证明,为艺术而艺术的理论是一种糊涂的想法。

不管文学作品具有什么样的形式,它总起着一种影响,而使这种影响达到最高的程度是非常重要的事,如果它掌握在那些见钱眼开的人的手中,那是极端危险的。我同意人们订立一条废除著作家以著作为行业的法律;但是,如果制定一条法律使这一行业收入更多并鼓励著作家成为文学的制造商,在我看来这是毫无意义的。

不仅宣布一个作家是他的作品的所有者这种做法是荒谬的事情,而且,作为奖赏而给予他物质上的报酬,这同样是荒谬的事情。卢梭为了生活而抄写乐谱,为了教育人们而从事写作。一个配称为文学家的人就应该过这样的生活。一个文学家如果他有钱,就应该聚精会神去从事思考,这是他做得到的。如果他是一个穷人,他就应该懂得,怎样使他所从事的谋取生活之需的职业和他的写作工作配合起来。

在现代的作家中,有一位耐心地和通宵不眠地从事研究的作家,他为了人民终于把那条到处断裂的传统锁链重新连接起来。可以肯定地说,没有一个人会比蒙泰先生为了一部历史著作而工作得更热情更有耐心的了;没有一个人像蒙泰先生那样把一生的大部时间都用在写作上的。倘若蒙泰先生在献身于自己的著作的三四十年中，只等着从他所写的著作中得到维持他生计的手段，那么结果会怎样呢？结果会怎么样呢？我不敢说，你可以猜得到。但是，感谢上帝！蒙泰先生具有一个勇敢的和高尚的灵魂。为了对付极端的贫困，他就求助于一种可尊敬的办法：他出卖了他自己在研究工作中所使用的材料，出卖了他去各处考察旅行时在这里或那里收集得来的珍贵手稿。这跟卢梭抄乐谱是同一作风。由于这种勇敢的行为，蒙泰先生过着贫困的生活，却避免了世态炎凉的摆布。他仍然是他自己的主人，也是他自己作品的主人。

假使他不是为使真理得胜，只为了"赚钱"而著书立说，假使他不依靠出卖罕见的手稿来维持生活的办法，而在他的著作上进行投机；那么他就会急于求成，写得更快、写得不那么好。他也就不会去写那关于农业、商业、手工业的内容丰富的和有用的历史了……他也就宁可去写那种供人消遣的关于战争和宫廷中的明争暗斗的历史了。这样，社会就会失掉一个伟大的历史学家和一部优秀的作品。

在我们这个时代的最著名的诗人中，人们敢于把多少诗人放在贝朗瑞[①]之上呢？贝朗瑞的所作所为和蒙泰、卢梭一样。当他为他的那些不朽的诗篇而工作时，他就为了生活上的需要而找到了一个低微的职位。

1789年革命以前，严格地说来，写作职业是不存在的。在文

① 比埃尔·让·德·贝朗瑞(1780—1857)，法国卓越的诗人、歌曲家。他对拿破仑制度的讽刺诗《伊维托国王》获得了文学上的盛誉。——译者

学史中,我们看到,在路易十三时代,拉·赛勒[①]为自己作品的畅销而自豪,拉·卡尔普勒内德[②]尽管很高尚,却用了书店老板库尔贝的钱来买大衣。然而,靠作品收入为生的人却是不多的。在作家中有一些人,如布蓝托姆[③]、比西-腊比坦[④]这两位高傲的绅士,他们只在不用宝剑时才拿起笔来写作;另外一些人,像代马莱[⑤]那样,是一个公务员;还有一些人则是处于国王庇护之下的,如莫里哀和拉辛[⑥]。大部分的文学家则像梅雷[⑦]那样,被一个大贵族所雇用。梅雷曾写信给德·蒙莫朗西[⑧]公爵道:"既然我像现在这样荣幸地受您的垂爱,而我的献身于您并没有使我失去行动自由,我不知道,除您之外,在法国还有谁可以使我更恰当地把我所研究的最初成果献给他的。"人们看到这种地位所意味着的卑躬屈膝;然而这种地位只能同造成它的那种制度一起消灭。卢棱为了不甘心处在这种地位,在他的独立生活中,受到那些有嫉妒心的同行的无情诬蔑;他没有狄德罗[⑨]那样幸运,因为狄德罗是喀德林二世[⑩]的宠

① 让·德·拉·赛勒(1600—1665),法国悲剧作家。——译者

② 高梯埃·德·拉·卡尔普勒内德(1614—1663),法国的小说家。——译者

③ 比埃尔·布蓝托姆(1540—1614),法国作家。著有《回忆录》、《法国名人和大将领传》、《荡妇传》。——译者

④ 比西-腊比坦(1618—1693),法国作家。——译者

⑤ 让·代马莱(1596—1676),法国诗人。——译者

⑥ 让·拉辛(1639—1699),法国有名的诗人。——译者

⑦ 让·梅雷(1604—1686),法国诗人。——译者

⑧ 蒙莫朗西,法国的一个有名贵族,其家族出了好几个名人,此处大约是指蒙莫朗西·亨利二世(1595—1632)说的。——译者

⑨ 德尼·狄德罗(1713—1784),杰出的法国唯物主义哲学家、作家。——译者

⑩ 喀德林二世(1729—1796),俄国女皇,1762—1796 年在位。——译者

臣；他也没有像伏尔泰[①]那么幸运，因为伏尔泰是腓特烈大王[②]的朋友；他又没有像格林[③]那么幸运，因为格林是十八世纪所有爱好哲学的国王的中间人。为了改变这种状态，至少必须有一次革命，而在这次革命的前夕，《年轻的阿纳卡西游记》[④]的作者不是生活在舒瓦瑟耳[⑤]公爵宠爱的庇护之下，愉快地隐居在尚特路[⑥]吗？

1789年——这永垂不朽的年份——来到了！这时作家不再属于某一个人了；他们不得不对于他们的著作进行投机，他们是属于所有的人了。我不知道他们在这方面是否得到了利益，但可以肯定地说，社会是受到了损失。作家过去所过的依附权贵的生活的义务实际上缩小多少呢？我不知道愚人的虚荣究竟向智慧索取了什么样的无聊的谄媚的贡献。这是一种不幸；但是作家的尊严所受到的损失比社会利益所受到的损失要大得多。高乃依[⑦]赞美马扎蓝的德行的那种奴颜婢膝的序言，并没有阻止《西娜》[⑧]的伟

① 法朗苏瓦-玛利·伏尔泰（1694—1778），法国著名的作家和哲学家，启蒙学者。——译者

② 腓特烈大王（1712—1786），普鲁士国王，1740年即王位。文学的爱好者。——译者

③ 格林（1723－1807），德国文学家和评论家。——译者

④ 阿纳卡西（公元前六世纪），西得亚民族的哲学家，公元前589年左右在雅典出现，成为梭伦之友。这里所指的是修道院院长让·雅克·巴尔戴莱米所著的那本游记说的。——译者

⑤ 舒瓦瑟耳（1719—1785），公爵，曾任法国路易十五世的外交大臣。——译者

⑥ 尚特路，法国安德尔-户瓦尔省的一个村子。于尔辛女亲王曾在此建造了豪华的别墅；其后舒瓦瑟耳隐居于此。——译者

⑦ 比埃尔·高乃依（1606—1684），法国杰出的悲剧作家。——译者

⑧ 《西娜》是皮尔·高乃依所著的一部悲剧（1640年上演，1643年出版），女主角名埃米里。——译者

大作者通过埃米里的嘴喊出:“为了要做一个超过国王的人,你居然自命不凡!”

今天,当一个作家自己发挥他的思想时,他的主人不再是供养他的权贵,而是读者了。作家不再是出卖自己尊严的人,而成为放弃自己职务的人。

革命往往具有这样的特点:那就是把上帝掺杂在一起的嘉禾和莠草全部拔走。1789 年的革命也是这样。这次革命在废除行会头子和工场主的同时,也给了垄断和社团以致命的打击;它在推翻一切旧政权的同时,同样也毫无区别地消灭了政权所践踏的和保护的东西。像在工业方面那样,个人主义的理论在著作方面也占了优势。革命方面竭力反对那个原则的代表人物,而那个原则在这反对声中却遭到了毁灭。为了更好地粉碎形式,人们就对思想进攻。在一切社团和保护制度的深刻动荡中,作家们仅仅依靠他们自己,自然而然地就把他们自己的思想去做买卖,拜金主义就侵入到写作中去了。另一种不幸是:写作已经不再是一种有利可图的职业,因为那些看到其他职业已经人浮于事的人就成群结队地去参加创作。当个人主义以自由为名而把普遍竞争推向顶点时,在人类活动的各方面怎么会没有拥挤的现象呢?另一方面,一些富有魅力的话吸引了人们;人们把“平等”一词写在我们的法典中了。尽管如此,农民、手工业者、工人仍受轻视,孩子们被灌输的仍然是那种认为有些行业和艺术是“自由”职业而其他则不是如此的思想。因此,人们在心灵中对于一举地成名产生了强烈的渴望;因此,在所有那些青年人的思想中播下了从事写作或从事艺术的野心的种子。教育更加普及,但并未得到很好的领导,这样,就造

成大量的青年人侵入到社会中来，这些青年对他们自己的欲望或幻想抱有信心，都同样地希望一举成名，同样地趋向现成的道路。

结果怎样呢？表现在工业方面的现象在写作方面同样也表现出来了。到处都有挤满的人群，到处都有纠纷和没有休止的斗争；有各种各样的混乱和灾难。著作界中的竞争也产生了和工业竞争中所产生的类似的结果。工厂主为了廉价出售以打垮对方而假造产品，同样地，也会有那种伪造自己的思想、削足适履地改变自己的风格的作家，用硬凑的情节、夸大的情感、不伦不类的语调以及不道德的经验谈等等不光彩的诱惑力来争取群众。一个工业家以巨额的资本压倒他的竞争者，同样，一个富有的作家在声誉方面可以很快就胜过一个穷作家，他以后就利用已经得到的响亮的名声来把无人知晓的真正有才能的作家埋没起来。在不断增加着的书籍的泛滥中，群众失去了方向；他们既不可能也没有时间去选择，就不再购买那些认真作家的作品，而把自己的灵魂交给了江湖派。因此产生了滥用广告的可怕现象、互相吹捧的来往、卖淫式的批评、同行的倾轧、一切可耻的行为、一切谎言、一切丑行。

倘若大多数的作家以损害文学的尊严、动摇公共的道德、腐化智慧的源泉为代价而能发财致富，那还算不错。但事实并非如此，这种做法既是丑恶的又是招致毁灭的；他们以声名狼藉始，以贫困终。

接着，在这些废墟上滋生了一些投机者，他们自告奋勇地向作家提供帮助。在这些思想混乱中，他们所加入的资本并不是钱，而是某种剥削的新花样，一种手段；作家不得不接受他们的帮助。这种帮助很快就变成控制手段，买卖人去接近有才干的人，只是为了要吞噬他。人们看到一些作家、甚至一些最优秀的作家把自己出卖给文章的掮客，他们不是零星地出售，而是整个地出售，就像梅雷给蒙莫朗西公爵的信上所写的："我献给您的就是我自己。"在这一幅不幸地描绘得过于忠实的图画上，还能再加上些什么呢？一些勉强能拿起笔来的手，今天竟能号令着文学，这是不是真实的呢？一些贫困的作家每天在某一个全能的投机者门口，像要求施舍那样，寒碜地要求发表他们的文章，这难道不是真实的吗？如果这是真实的，那么我们已经堕落到什么样的黑暗程度了呢！

昂利·德·拉土舍先生①有力地描写了写作方面的这种堕落情况，他写道："写作的风气转向金钱，这是我们时代的定型思想，这是带着传染病的癫狗咬了这个庸俗的时代。你们是否相信已经组成了反对思想传播的集团呢？我们的作家们像莱茵河彼岸的小诸侯那样结成联盟，他们不是为了有利于传播思想，而是为了有利于利润的集中而联合起来的。他们保证了他们自己领土的完整、边疆的不可侵犯，因为这些边疆都是靠得很近的。如果有人抄袭了他们的半篇文章，他们就认为被剥削了，这是著作界的神圣联盟……人们会觉得奇怪：这些先生怎么会让一些人无偿地在我们的林荫道上散步，而不向看他们一眼的过路人去征收税款呢。"

① 昂利·德·拉土舍（1785－1851），法国的小说作家和诗人。——译者

Ⅱ 人们所提出的荒谬无效的补救办法

请问，在我们刚才所描述的祸害的本质与人们所提出的那种补救办法的本质之间，究竟有什么关系呢？

祸害在于存在着太多的、无用的、恶劣的或危险的作品；而人们提出的补救办法却是以立法手续来许可这个灾祸。

祸害在于书籍的作者利用这些书籍牟利，而人们提出的补救办法却是延长这种牟利的时间，并且使它成为一种身后的权利！

祸害在于下列的事实，即写作成为一种行业，人们把它变成思想的商店，读者成了顾客。为了保持来往，就应该试探这些顾客的爱好，迎合他们的朝三暮四，卑躬屈膝地逢迎他们的偏见，附和他们的谬见；可是，人们提出的补救办法却把这种可惋惜的事实作为神圣的原则来对待，并用法律来加以肯定！

这样严重的盲目无知难以令人理解。

此外，既然人们谈到了著作权，那么我们就来看看这个词汇意味着什么吧。

思想所有权！这等于说，我手中拿着的皮球里所含有的空气的所有权。皮球开了一个口，空气就从里面跑出来，四处散佚，混在一切东西里面，每个人都可以自由地呼吸它。如果你保证我享有思想的所有权，那你就必须把大气的所有权给我。你能这样做吗？

首先，我们要问“著作权”的拥护者们，连同波尔塔利斯先生[①]在内，对于所谓属于某一个人的一种思想，你们怎样理解的呢？你们说思想这件东西是属于你们的。但是，也许用十本书，就可以包括现存的一切书籍；而这十本书是全世界的人共同写成的。

伟大的人物只是仗着他们借自社会的力量来统治社会的。他们只有把社会本身分散出来的一切光芒集中在炽热的中心才能照亮社会。他们是从社会攫取权力而加以领导的。

这是非常真实的，当基督出现时，罗马的世界在期待着，并且对于福音有着预感。至于路德[②]，他除了表达教皇的暴政在人们心灵中所唤起的反抗愿望之外，还做了些什么呢？这种反抗的愿望早已在各处以各种不同的、但有力的和特有的形式爆发出来了。

人们可以看到，这种说法将导致我们放弃所有权的实质，而只去承认它的形式。据说德·巴尔扎克[③]先生曾就著作权问题向议会递呈过一份请愿书，如果是真的话，他会同意上述的意见的。但是，请看这个冠冕堂皇的理论，它的结果是什么。夏尔勒·傅立叶[④]认为应该用一种奇怪的和难以理解的词句来表达组成他的学说的基

① 让·埃提昂纳·玛利·波尔塔利斯（1745—1807），法国法学家，法国民法法典起草人之一。——译者

② 马丁·路德（1483—1546），德国的宗教改革家，新教的创始鼻祖，也是圣经的德文翻译者。——译者

③ 奥诺莱·德·巴尔扎克（1799—1850），法国有名的作家，《人间喜剧》的作者。——译者

④ 夏尔勒·傅立叶（1772—1837），法国的哲学家和社会学家，傅立叶主义者的领袖。——译者

础的思想。来了一个文章抄袭家，他把傅立叶的学说据为己有，并且用清晰的文体，也可以说用优美的文体来说明这个学说，并把它全部卖出去。你们会看到在快要饿死的傅立叶身旁，这位抄袭家将发财致富。如果这样来理解的话，那么所有权该是什么呢？这是剽窃。

此外，不管在每个人的思想中别人所占的成分有多大，人们至少不能否认，思想是从发表中得出它全部的价值的。与世隔绝的思想有什么价值呢？在脱离任何社会情况之下，实物的消费是可以理解的，这种消费是个人的，同样也可以是单独的。合群的观念对野蛮人在树林中所采集的果实以及对他所猎获的动物的价值是毫无增益的。至于思想，那就完全不同了。思想的重要性是按照使它受智慧的尊敬的比例而增长的。消费损耗实物，并使它们消失。思想的传播是智力的消耗，它不但不消耗掉那些无形的事物，反而使它们增多，使它们变得更加珍贵，并增加它们的内容和生命力。所以，并不需要知道精神产品的"根源"是从哪里来的，只需知道它们的"价值"是从什么地方来的，就可以懂得这些产品不能是任何人的财产。倘若正是社会赋予精神产品以"价值"的话，那么，所有权就应该只属于社会。为了个人利益而承认著作的所有权，这不仅对社会有害，而且简直是对于社会的盗窃。

"注意！"特·巴尔扎克在他的小册子里写道，"你如果容忍人们否认著作权，那么土地所有权就要处于危险的境地；攻击著作权的逻辑不久就会推翻土地所有权。攻击一方，对另一方也会发生影响。"作为战术来说，没有比这种对比更巧妙的了；作为论据来说，就没有再比这种对比更贫乏无力的了。如果所有权在事实上得到承认,在原则上得到保护的话,这只是因为社会可以从这种协约中以及这种协约的神圣不可侵犯性中得到利益的缘故。人们假设社会曾对地主说过:“你将是这块土地的主人,你可把它留给你的孩子,因为那些为了尽可能使它变得肥沃的农业劳动要求安全、耐心和时间。你可以大声疾呼说:‘这是我的。’谁反对你谁就要受处罚,因为我们要你去为了别人而不是为了你个人去栽种树木,我们要你去挖掘那些将由你的孩子们去完成的运河,要你去开采矿藏,这些矿藏很深,用一个人毕生的时间是开采不完、消耗不尽的。就是因为这个理由,我们才宣告你是所有人。”

因此,为了保护所有权,人们就从不论是否确凿无疑的社会利益出发,丝毫不提及显然有必要尊重一个事实,这个事实是这样古老,这样普遍地被接受,这样不可动摇,并且甚至这样难于加以改变。在这里,却毫无相似之点。试把一个作家的利益放在天平的一只盘子里,把社会的利益放在另一只盘子里来衡量。人们要求我们承认的,简直就是一个人比整个人类还要重。

所以著作权本身已被它自己的原则判定是不合理的,但是它的后果使它更加有力地被判定是不合理的。

如果著作权得到承认的话,那么首先就必须使它成为可以继承的和永久的;因为二者必居其一,或是它和社会利益相抵触,或是它和社会利益相适合,如果是前者,那么为什么要尊崇它的原则呢?如果是后者,那么为什么限制它的实施呢?在第一种情况下,这种做法是无可原谅的;在第二种情况下,自相矛盾是非常严重的。

实在说来,如果这一讨论的要点只在于要知道作家的著作权是否在他们死后十年、三十年或五十年后还存在，那就再没有比这种讨论更可怜的了。显然问题并不在这里。

但是，使作者权利的永恒性成为神圣不可侵犯时，社会将处在什么样的危险中呢？《民族日报》在一篇文情并茂的文章中说："如果使作者的所有权神圣化，那么一般的利益将变成怎样呢？是不是由作家本人来保证这一般利益呢？你知道作家可能会经过一些动荡不定的阶段吗？你不知道最有名的作家自传吗？拉辛在老年专心从事翻译《圣咏》时，他不是要想毁掉《菲特》和《昂德罗马格》[①]吗？拉·封丹[②]受到他的忏悔神甫的攻击以后，不是要求烧毁他的那些短篇寓言吗？假如在1814年，对伏尔泰和卢梭的著作存在着旁系亲属的继承权，政权是一定会引诱那些继承人的。继承人在行使他们的权利时会为了一笔巨款出卖这些作品的著作权，而这些作品也就消失了。"这些理由非常有力，还有多少其他理由来支持这些理由呀！但是，一般地说，我觉得在这种讨论中，那些反对著作权的人过于强调这种权利在继承上是不宜转移和永久存在的。应该攻击的是作家本身行使这个权利。不应当说："你们不妨用'待遇'这个词来代替'所有权'这个词，并且在把继承人的权利限制在十年之内时维持事物的现状。"而应该像那些自信为真理而战斗的人那样，勇敢果断地说："颁布一条法令，并不是为了使著作权神圣化，而是为了宣告著作权是反社会和反宗教的。颁布一条法令，以便取消作家的那种'职业'地位，以便不用个人的待遇

① 《菲特》和《昂德罗马格》是拉辛的两部悲剧。——译者

② 让·德·拉·封丹(1621—1695)，法国的大诗人。——译者

制度而用社会报酬的制度来代替著作权制度。”事实是，无论是著作权的拥护者或反对者，谁都不敢表现出是完全合乎逻辑的。

在这里，我毫不犹豫地重复说：不只作家的继承人靠一本书来牟利是有害的，就是作者本人靠那本书来牟利也是有害的。

事实上，人们通过这种说法已经肯定，在社会中，思想这样东西完全像一包棉花或一个糖面包那样，应当是可以交换的物品，而思想家的利润应当是根据利用他的思想的人数来计算的。

一方面，这是不合理的；另一方面，这又是不公正的。

因为，谁能知道思想是以哪种方式传播到每个人的头脑中去的呢？从一本书里得到的思想可以由画家的调色板反映出来；素描画家的铅笔可以抓住这个思想；雕刻家的刻刀可以把这个思想刻在大理石上；讲演词中也可以表现出这个思想，那么，难道你能找遍无限的表现形式和无法计量的空间来追踪这个思想吗？世界可以成为这个思想的领域，难道全世界都要向你付钱吗？在这里，你接触到了不可能的事；再进一步你就会接触到非正义的事了。每人都会从交换中得到利益，但版税却只从几个人身上征收。我在一本书中获得你的思想，我就需要对你的思想付出代价。如果我从演说家的嘴中听到这个思想或者在名胜古迹的大门的雕刻上看到它，那我岂非不必付给你任何代价了吗？人们既然谈到版税，那么有比这样的一种捐税分配方法更加不近人情的吗？

谈到物质的东西时，人们如果根据消费量的大小来衡量生产的利润，这是可以理解的。消费的限度是可以估计的，因为消费的结果达到一种耗损。但是，对所谓通过传播来实现的那种文化上的消费，你能划出一个界限吗？思想被接受后并不会突然消失，反而会壮大起来，加强起来，无论在时间和空间上都会传播开来。即使你叫全世界都来接受这个思想，它也会像自然那样取之不尽、用之不竭，并且也会像上帝那样永垂不朽。

因此，使思想受交换学说的支配，就是以有限的数量来计算无限的数量。这种学说的荒谬无稽是很明显的。

就这个学说的结果来说，它们是令人厌恶的。著作权的拥护者，也就是那些认为作家可以利用著作以自肥的人，高傲地扮演着天才保护人和智慧的庇护者的角色；他们没有看到，如果他们的学说被大力地应用，如果这一学说的缺点不被相反的学说、即社会报酬的学说所减轻，那么他们的学说就会把天才引入绝境，把智慧的最珍贵的产品埋没在黑暗之中。这是容易证明的。谁谈著作权，谁就是谈通过交易取得报酬；谁谈通过交易取得报酬，谁就是谈商业；谁谈商业，谁就是谈竞争。所以你看，坏书就来和好书竞争了；某些腐蚀心灵、玷污思想的小说就来和那些有益而又严肃的书籍竞争；诱惑性强的罪恶意识和最高尚、最道德的观念竞争。你可以放心，买《于斯丁娜》的人一定要比买帕斯卡尔的《思想录》的人较多；而还有这种情况，即使有人愿意欣赏帕斯卡耳的天才，但是因为德·萨德先生[1]对他征收了钱，他就不能去欣赏了。因此，由于这一为天才设想的漂亮的奖励制度，祸害的力量将增加百倍，群众的趣味在受到无可救药的腐蚀之后，将拒绝一切丰富的精神食粮。我们同时将受到下列一切灾害：由于危险书籍的泛滥，人们的心灵

①　德·萨德（1740—1814），侯爵，法国作家，《于斯丁娜》等长篇小说的作者，他所著的小说大多涉及性爱、罪恶等。——译者

和思想都会变坏；伟大作家陷于贫困；某些小有才智而寡廉鲜耻的人或某些下流的作家却得到不体面的成功。

我不愿意使这一严肃的讨论变成一种关于一些人名的无意识的论战；但是，如果举例是必要的话，那我可以举出不知道多少的例子来。多少平淡无奇的作品由于时髦而得到褒奖！多少有价值的书被埋没掉！我用不着在这里举出一位作家的姓名，他由于写了一本《结领带的艺术》的小册子而得到很多钱，因为我不能不联想到某些伟大作家的贫困而感到面红耳赤。

今天，一本书成功了，为什么呢？是由于它的价值吗？完全不是；而是由于他的发行人。天才要靠投机得到他的保障。

但是也有一些诚实的发行人，他们真正为著作服务。——是的，感谢上帝！在我这方面，我还认识一些这样的人，最有才能的作家在他们那里得到了一种真正的帮助。但是这种值得赞扬的人为数不多，而有些愿意仿效他们的，大都被卷入到竞争的浪潮中去了，他们为了避免营业损失，不得不发行伤风败俗或臭名远扬的书籍。

补充一句，真正的作家对于这门买卖的学问一般地是很外行的。著作制造商就不同了。这种人很巧妙地利用他的作品牟利；这是他的职业。通过交换而给予报酬的制度，实际上只是给予投机精神一种奖励。

所以，我们不论就著作所有权的原则来研究著作权，或是就它的必然的结果来加以研究，同样都不得不谴责这种权利。

可是，德·拉马尔丁先生的报告却是以这样的权利作为出发点的，这篇报告引起了很大的反响。

德·拉马尔丁的报告是以这样的词句开始的：

“社会在规定一切所有权时，针对着三个目标：酬报劳动，延续家庭，增加公共财富。正义、远见和利益，是在每一占有物上都存在着的三种观念。”

如果通过规定所有权这一事实来使劳动得到报酬，那么，所有从事劳动的人都应该成为所有者，而一切所有者又都应该劳动。但是所发生的事恰恰与此相反。目前规定的所有权在本质上允许享受所有权的人得到休息的一切甜蜜的乐趣，并把整个的劳动重担放在那些享受不到所有权的利益的人的身上。一方面，有一小部分人靠他们的年息过着优裕的生活；另一方面，大多数人靠他们流汗得来的果实勉强维持生活。让德·拉马尔丁先生在这一点上稍稍考虑一下吧。

至于使家庭永久延续下去这一点，如果家庭要靠所有权才能永久延续下去，那么不是财产所有人的家庭就不能延续下去了。所以德·拉马尔丁先生的话应该这样修改一下：“社会在规定所有权时，目的是使一些人的家庭永久延续下去，而禁止另一些人的家庭永久延续下去。”

关于增加公共财富这一点，必须加以明确。如果财富增加了，但只集中在几个人手中，那么这并不是一种“公共”财富。在目前所规定的所有权的统治下，是富人比穷人多呢，还是穷人比富人多呢？

假如德·拉马尔丁先生说，“所有权之所以规定，就是因为社会到目前为止还不知道，如果没有这种所有权，该用什么方式来安排生活”，那就好了！论点也就说得过去了。但是德·拉马尔丁先生谈到正义、预见和利益时，把社会利益和世界上那些幸运儿的利益混为一谈，把垄断误认为预见，把公正倒过来了。

让我们继续看下去：

“有些人从事体力劳动，有些人从事脑力劳动。劳动的结果不同，劳动者的名义却是一样：一些人和土地、季节进行斗争，他们收获了用他们的劳动得来的那些可以看得见的和可以交换的果实；另一些人则和思想、偏见、无知进行斗争，他们用智慧的劳动、甚至用他们的眼泪、有时还用他们的鲜血洒在他们的篇幅上，随着时间的转移，他们得到的是贫困或群众的敬爱、殉道者或光荣。”

这种说明显然是不完整的。如果有些作家为了反对偏见而斗争，那么就有另一些人为这些偏见辩护。有些著作有时攻击无知，有时却也支持这种无知。卢梭把光荣归于上帝，但霍尔巴赫[①]则否认上帝。费讷龙[②]提倡社会道德，而德·萨德侯爵则在腐蚀社会。科学上有伽利略[③]之流，也有伽克里奥斯特洛[④]之流，也许科学所造成的殉道者少于它所褒奖的骗子。

我坚持这个被德·拉马尔丁先生所遗忘的区别，因为，当涉及奖励脑力劳动时，首先应当解决的问题是寻求奖励脑力劳动的方法，而不是在同一奖励中把能使社会活跃并使社会得到光明的作

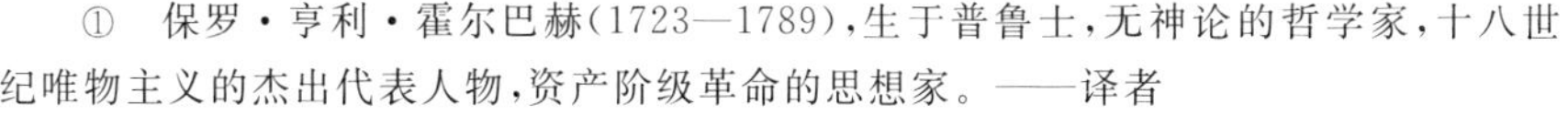

① 保罗·亨利·霍尔巴赫（1723—1789），生于普鲁士，无神论的哲学家，十八世纪唯物主义的杰出代表人物，资产阶级革命的思想家。——译者

② 法朗苏瓦·德·费讷龙（1651—1715），侯爵，法国作家，十八世纪启蒙学派早期的先驱者之一。——译者

③ 伽利略（1564—1642），意大利的天文学者，物理学者，天体望远镜的发明者。——译者

④ 伽克里奥斯特洛（1743—1795），意大利医生和神秘术术士。——译者

家与欺骗社会并使社会道德败坏的作家混淆起来；因为这既不符合正义，又不符合远见，也不符合利益。

“把作者的著作权交给作家和他们的家庭，这是不是公平、有益和可能的呢？我们提出的这三个问题在法律原则本身的开头几条中已有规定。这些问题不是事先就已解决了吗？假如正义不在原因和结果之间、在劳动和报酬之间达成相称的比例，正义又是什么呢？”

让我们接受这个关于正义的定义。如果这个定义是正确的，那么很明显，没有比把脑力劳动的奖励放在著作权中更不正义的了。

假如拉普拉斯[①]从自己的作品中没有得到别的物质奖励，而只得到可以随便处理和出卖它们的权利，那么《天体的机械作用》一书既只能供极少数的读者阅读，拉普拉斯的劳动和待遇之间将要得到什么样的比例呢？可是你看，有一个小说家，他急急忙忙地乱涂了几页，这几页不但恶劣而且诲淫诲盗，是专供所有那些无事可做的人的消遣而写的。那位天才的人物冒着死于贫困的巨大危险，而这位小说家却不必费很大力气，就有了车子和仆人。怎样来理解分配的正义呢？但是，你会说，国家会来保护有天才的人，给他荣誉，提拔他担任最高的职务的。你瞧，你已经越出你的学说了，这种使你越出你的学说的必然性，能够更好地证明我所能说的一切，即这个学说包含着多少可憎的不平等和多少对于非正义的

① 比尔-西蒙·拉普拉斯（1749—1827），法国有名的数学家和天文学家。——译者

尊崇呀！

“这是有益的吗？我们只要回答说这是公正的就够了，因为对一个社会来说，首要的利益就是正义。但是，那些询问在将来奖励脑力劳动是否有益的人，从来就没有在思想上考虑这种劳动的本质和结果吗？他们也许看到，这是一种没有资本而可以进行的劳动，这种劳动可以不消耗资本而创造资本，并且，除了天才和意志的帮助之外，不用其他的帮助就可以从事生产。他们是否探索到这种劳动的结果呢？他们也许会看到这是一种对人类命运最有影响的劳动，因为就是这种劳动影响着思想，支配着思想。人们浏览一下世界历代的思想史，就可以发现，当一个民族诞生之初，人们在立法者手中到处都可以找到一本圣书，如圣经、印度的吠陀经、孔子的著作、福音等等。全部文明都是一部书的产物。一部创造、破坏和改造世界的著作，对于世界来说，它会是一部无所谓的著作吗？”

我们谈到哪儿去了呢？我们的讨论是要证明，把作家作品的著作权交给作家和他们家庭是否是一件有益的事。德·拉马尔丁先生却不是证明这点，他给我们证明的是我们任何人从来没有怀疑过的事实，即思想是有用的。这真是一种惊人的无稽之谈。是的，思想肯定是有益的，我们不但不否认这个真理，相反地，我们却根据这个真理来要求人们不要妨碍它的进程，永远也不要去阻止它的传布。正因为整个文明是书籍的产物，所以我们不允许，哪怕就是这些书的作者，在人们宣告他是其中一本书的所有者以后，去撕毁这本书并让撕下来的篇幅随风飘走。因此，为了上帝的缘故，我们不承认你们称之为圣书的那些书籍的作者享有著作权，免得你们把它交给一个白痴、也许一个恶汉或一个傻子去继承。这是你们以一本书能给人类带来巨大贡献的名义，给予一个既未写这本书又往往不能了解这本书的个人以那种不能想象的权利来破坏这本书吗！因为，倘若你们承认这是一件不太可能的事实，至少你们应该认为这个事实是合理的，否则你们就会用一只手来推翻你们另一只手建立起来的建筑物，否则你们就会在确定那个所有权的同时，剥夺所有者的那些构成这个所有权的特权。人们能够设想那本福音通过继承权而属于某一位先生吗？人们能够设想一个买得了专利的授权者出卖人类的幸福吗？

“最后，这是可能的吗？这种以思想通过印刷和书本而得到具体传播的偶然的和不可捉摸的财富，就其本质来说，是可以在所有权的形式下为我们所理解、确定并规定下来的吗？对这个问题，事实已经替我们作了回答。这种所有权是存在的，并且像其他一切所有权那样，可以被买卖并可以受到保护。我们只需要研究与它有关的措施，规定它的条件，以便把它完全列入到对占有物和占有人确有保障的事物的范围中去。我们就是这样做的。”

贝尔维先生对拉马尔丁先生报告中的这一段作了这样有力的回答，所从我们只需把贝尔维先生讲话的原文引录在下面：

“在宣告所有权是永久的或是限制五十年的时候——实际上，结果都是一样的——，你不是碰到作家本人的问题，就是碰到他们的继承人的问题。好吧！假定继承者不是旁系亲属，作为第一代来说，这还没有什么问题；但是一旦这些继承人分散开来了，你到哪里去寻找他们呢？是否应该让著作权所有者组成一种贵族系统，并使它拥有它自己的歇符蓝和多济埃[①]呢？还是应该像在威尼斯[②]那样设置一本“金名册”[③]呢？这还没有完：你所给予的这个权利不仅给了继承人；所有权不仅可以通过继承权而被转让他人，而且也可以通过出卖和赠予而移转。所以，你也承认受让人可以得到这个所有权；并且，既然这些转让契约不是公开的，那就必须猜测它们的内容，必须知道你是跟谁在打交道。你的摸索有没有止境呢？”

贝尔维先生说得对。人们如果扩大著作权的行使，就不能不愈来愈接近混乱。德·拉马尔丁先生把二十年期间所能做到的事情，认为在五十年期间将有可能做到而得出他的结论，因此他并没有解决困难，而只是躲避了困难。他没有注意到随着年代的逝去，著作权就会易主并且也会分散开来，以致最后就不可能找到它的踪迹了。

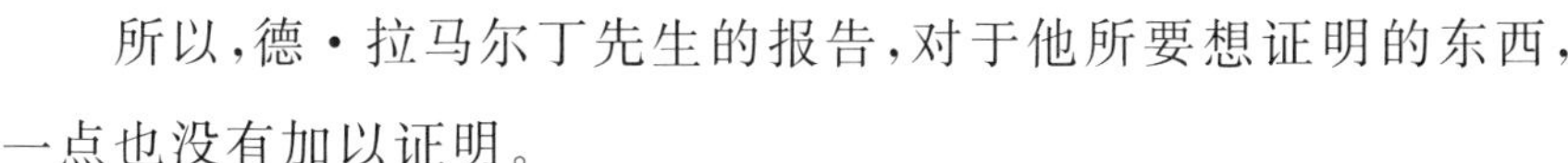

所以，德·拉马尔丁先生的报告，对于他所要想证明的东西，一点也没有加以证明。

但是对于这个报告所引起的辩论应该说些什么呢？

在《人民报》上，格·卡韦尼亚克先生[④]写了一篇文章，这篇文

① 比尔·德-拉·加尔德·多济埃(1592—1660)，法国家谱学者。其子勒内·多济埃(1640—1732)亦系有名的家谱学者。多济埃已成为研究家谱学的学者们的通称。——译者

② 意大利的一个城市。——译者

③ 这是一本册籍，威尼斯城的全部贵族的姓名都用金字记载在这本册籍中。它于1797年意大利战争中被毁。——译者

④ 格·卡韦尼亚克(1801—1845)，法国查理十世和路易菲利浦王朝时代的民主党的领袖。——译者

章以很高明的方式研究了我们所讨论的问题。“有才干的人，不应该比别人更甘心做贫困的奴隶；但是，倘若他不心甘情愿处在这种适合于性格坚强的人的自由自在的贫穷和简单的生活中，至少既不应该养成奢侈的思想也不应该养成启发这些思想的兴趣。当一个作家爱好钱财时，人们总会怀疑他是否有天才或者是否能够保留这个天才。如果他有天才，吝啬会使他的天才堕落，奢侈会使它趋于衰弱。如果那个作家具有天才，我认为他就只应当在他的思想本身和他的名望中去寻求他的乐趣；只有在他的理论中和他的影响中去寻求他的乐趣。毫无疑问，他不需要有阿尔帕贡[①]或屠尔卡雷[②]的享受。我们的社会不再有隐居的条件，也不再有严肃的生活，这种条件和生活至少保留着朴素的和摒除私欲的风俗习惯、宁静独居的和饮食清淡的清规、谦逊而忠实的热诚的传统。再也没有像本笃会修士那样的人远离人间去笔耕学术世界的一个角落，再也没有传教士把教义带到遥远的地方，深入到那些遥远的国家，再也听不到他们的姓名，再也没有学术团体遁迹在某些学院中，去度那粗茶淡饭的生活，并为默默无闻的工作去服务了。当然这一切都混杂有过多的流弊和恶习，使我们不去惋惜他们的那个时代，但是我们所惋惜的是这些摒除私欲的、退隐的、献身于社会福利和研究事业的高尚而严肃的生活的榜样。目前，这是一个无

① 阿尔帕贡是莫里哀喜剧《悭吝人》中的主要人物。这个名字代表了贪财如命、一毛不拔的守财奴。——译者

② 屠尔卡雷是法国小说家勒萨日（1668—1747）所著的一部喜剧《杜加莱》的主人公。杜加莱是一老奴仆，仗着放高利贷发了财。杜加莱这个名字泛指一般暴发户。——译者

人担任的任务，我们愿意看到无愧乎作家称号的作家们来承担这项任务。”

这些就是高尚地表现出来的高尚的思想，而议会本来是应该把自己放到这种高度上来讨论这一问题的。但是，幼稚而可怜的是：把思想当做一种物品，并且费尽心机去研究一个家庭对这种物品的占有能继续多久；竭尽辩论之能事来了解，例如，一个著作人的债权人是否能够扣押这个作家手中的一个伟大人物的天才作品，作为债权的抵押品；又如去了解在共有财产制下，丈夫作为财产管理人，是否有权不征得妻子的同意，去发表她的作品；又如去了解丈夫死后所遗下来的作品的发表权是否无限制地属于妻子等等。从律师的这些争吵中能产生些什么结果呢？让人们对下列各款加以判断吧：

1. 发行一部作品的专有权在作者的生前和死后三十年的期间归作者和他的代理人所有；

2. 当这个权利在作者本人手中时，它是不得被扣押的，而只有在受让人的手中时才能被扣押，并且，扣押者又必须是受让人的债权人；

3. 如果没有正式的契约，应认为作者所出让的只是第一版的发行权。

这就是根据德·拉马尔丁先生报告中所发表的原则而提出的那个法律草案的主要内容。这个结论是和引言相称的。噢！笛卡尔！[①]

---

① 勒奈·笛卡尔(1596—1650)，法国杰出的哲学家、物理学家、数学家和生理学家。主要著作有：《形而上学的沉思》(1641年)、《哲学原理》(1644年)。——译者

噢！蒙台涅![1] 噢！帕斯卡尔！噢！卢梭！噢，所有的作家们！你们的著作使法国登上了全世界的知识王座，如果你们能看到人们怎样滥用你们的名誉，而且人们为了使什么样的动机得到胜利而引用了你们不朽的姓名，那么，你们会说些什么呢？

至少，如果人们剥夺了这种职务的尊严性，那么就应该使那些光荣地执行这种职务的人增加福利！但是，因为人们把继承人的享受延长了二十年到三十年，是否就可以认为作家的命运将真正地得到改善呢？一个勇敢的作家把一生的四分之三时间用来写一本只有少数读者愿意看的书籍，他的待遇会更好些吗？一个没有亲戚、没有财产和没有声名的青年人，会因此而更容易找到一个发行人吗？一切有利于欣赏那些逢迎时代的反常行为和罪恶的作家，而不利于那些从事纠正、攻击和驳斥这些反常行为和罪恶的作者的风尚是否会有所改变呢？这些就是要求迅速予以补救的创伤。我们的立法者没有想去医治这些创伤，而他们所关心的是……什么呢？我很惭愧地说这就是：——关心一个天才的人的孙子会饿死，这是一种什么现象呢！——的确，这种现象是痛心的。但是一个天才的人的孙子怎么会遭到饿死的危险呢？如果这是因为他一点也不愿为社会服务的缘故，那么我是不会可怜他的。假如这是因为社会对于他的贡献没有给予适当的报酬，那就是你们社会组织方面的错误，那么就请你们改变这种社会组织吧！

① 米歇尔·德·蒙台涅(1533—1592)，文艺复兴时期的法国进步哲学家。——译者

Ⅲ 按照我们的看法，什么是补救祸害的方法

在一切有关著作和作家的法令中，应当得到以下几点结果：

第一：尽可能减弱发行家之间所进行的激烈竞争以免给著作带来灾害性的影响；

第二：向一切穷困的和无名的优秀作家们提供出版他们的著作和使人知道他们的才能的方法；

第三：在通过交换而取得报酬的制度以外，同时再建立一种奖励方式，这一方式要使奖赏和服务相称、使报酬和价值相称，并且鼓励作家写出严肃的作品，同时把作家从依附于读者的状态中解放出来，这些读者喜欢可供消遣的作品，并且只是为了使自己腐化和受骗才肯花钱；

第四：要做到使最好的书成为价钱最便宜的书；

第五：建立一种机构，这种机构在本质上可以限制作品掮客的利润，并且对那些把自己变成投机者或投机事业的供应人的作家的那种可耻的倾向进行斗争。

为了至少部分地达到上述那些不同的结果起见，我们提出下列建议：

根据本书《劳动组织》一章中所指出的那些基础和方法创办一

个社会书店。

这个社会书店从属于国家，但不受国家控制。书店自己管理自己，并且像上述那一章所说的那样，由它自己把共同劳动所得的利润在它的成员之间进行分配。但是，它的组织最初是由国家以法令的形式所制定出来的规章来加以规定的，并且，上述规章的严格执行须由国家来加以监督。[①]

根据这些规章，社会书店无需支付任何版税。书店出售的书的价格事先应由国家决定，并且尽可能定得很低。

一切印刷费用都由社会书店担负。由书店挑选和给予报酬的一些能干的人组成委员会选收作品。

由社会书店出版其作品的作家们，用他们所放弃的著作权作为交换条件，享有参加获得专为他们而设的国家奖金的竞赛权。

国家预算中专设一笔基金，以国家奖金的形式来奖励上述那些作家，这些作家在思想的各个领域都应该是对祖国最有贡献的作家。

每一个作家的第一部作品被认定值得给予一笔国家奖金时，就要给社会书店一笔奖金；这笔奖金的目的就是鼓励书店去支持那些青年天才和补偿书店所受的损失，这是因为书店的这种保护行为有时可能使书店受到损失的缘故。

人民代表每年任命一个公民负责管理每一种脑力劳动，这个公

---

① 在这个问题上，我要引起人们注意的是，除了路易·雷博先生之外，所有愿意注意这本题为《劳动组织》的小书的批评家，都责备我们给国家增加了巨大的、因此是不可能的工作负担。倘若他们更注意地阅读了我们的书，他们就会看到我们并不使国家成为社会工场的场长，而使它成为社会工场的立法者，这是大有区别的。

民由社会书店给予报酬，他的任务就是在自己的范围内来审查那些社会出版社刊印出来的著作。他可以用全年的工夫去深入了解对于这些作品所提出的全部批评，研究社会由这些著作所得的印象，最后征求公众的意见，这些意见是由水平相当高的组织反映出来的，而不是由买书的盲目群众反映出来的。到了年底，他要做出一份精确而详细的附有说明理由的报告，把他研究的结果提交给人民代表。在这份相当严肃地提出的报告发表之后一个月，人民代表就在大家认为对祖国有贡献的那些作家之间分配国家奖金。在分配时，当然应该注意到工作的性质和完成这些工作所用的时间。

我知道，有些人认为这一制度很幼稚，另一些人则认为很奇特，并且已经引起了许许多多的反对意见。我们不妨再来看看。

谁都知道，今天要进入写作职业队伍的大门，存在着许多障碍。你年轻吗？你穷困吗？你生辰不好，因而只赋有伟大的智慧和高尚的心灵吗？……那么，你就倒霉了！尤其是你，如果认真地对待你的职业，因而你怀着对人类的热爱并在上帝面前只想着为未来而工作的话，那么你就更倒霉了！在你的脚下困难重重，你的智慧可能要长久缺少用武之地。如果你去投奔那些享有盛名的出版家，如果他们了解你的话，他们就会告诉你说，你还是一个无名之辈，而且你的作品也过于严肃；成功只属于已经成名的作家和能够哄人的作品；在这一世纪的事务中，到处都是混乱，以致一个谨慎的出版家不敢冒着危险去刊印一本无名作家的书，即或他们不使你遭到拒绝的难堪，也会使你负担一些最苛刻的条件，并且拿出版作品作为一种施舍，来向你进行掠夺。

我们的制度指出了补救这一巨大不幸的办法。这个制度以一种公开交易的社团代替暗中进行交易的孤立的个人，因此就杜绝了暧昧的私人关系所引起的和保护的舞弊和专横。这个制度使好书的出版不再决定于往往只有商业知识的投机者，而取决于有才干的人，他们关怀一切有益的和值得赞扬的著作的成功。总之，这个制度会给无人知晓的天才打开一条出路，并使所有那些隐藏在社会内部的一切萌芽成长起来。

今天，拜金主义的势力日益扩大；在这种形势下，很明显，写作就会走上卑鄙、腐朽、堕落和卖身的道路。作家既然除了金钱没有别的目的，除了做买卖之外没有别的挣钱的办法，因此他们的思想作品只不过是掮客手中的商品。并且，既然在这种交易中质量并不重要，所以人们就在数量上进行投机，坏书充斥了市场，而珍贵的书本却永远埋没在垃圾堆里。再也见不到耐心写成的优秀作品了！贪得无厌能容许等待吗？再也见不到从事研究的天才了！为了生活的享受还能等到老年吗？况且，又有什么好处呢？国家名存而实亡，社会则只是一个乌合之众的混乱集团，所以毕生呕尽心血所写成的著作到哪里去找到买主呢？在这里，荣誉也安慰不了有勇气的穷人。因为，如果用金钱来奖赏作家，那就会不管后世人的评价如何而以买书人的多少来衡量；而时髦就成为荣誉了。

在我们所建议的制度中，很多流弊就将消失。当作家对于研究工作有受到奖赏的希望，这一奖赏能够证明他的贡献，补偿他的不斤斤于私利的精神，并且庄严地宣布他是国家的债权人的时候，他就会提高到他的使命的高度了。

但是，如果作家是个穷人，在他没有得到奖赏以前，他将怎样和生活的需要作斗争呢？他就必须模仿卢梭，在他的写作的工作以外，他必须从事一种有收入的职业。作家的尊严、他的独立地位和他的酬报只有在这种代价之下才能得到。感谢上天！人由上帝那里得来各种不同的禀赋。人的本质既然是多种多样的，为什么他的职务就只会是一种呢？智慧不能永久停滞不前，它像土地那样，总要加以经营，人们播下各种不同的种子就可以加倍增高它的生产力。

有人也许会问，在我们的制度之下，那些不重视荣誉而只重视金钱、只承认他们书籍的买主是裁判人的作家，会变成什么样的人呢？这些作家有办法可以自己出版作品，或者完全像今天所做的这样，可以交给别人出版。的确，这种情况将不是很有利的，因为社会书店会和这些私人的出版者进行激烈的竞争。但是，我们在这里谈的是哪些作家呢？我们谈的是这样一些作家，他们凭借他们书籍的浅薄、腐化、诲淫诲盗的诱惑力，可以说用强暴来劫夺很多读者的钱袋，从而获得巨额的利润。但是，当减少没有价值的或危险的书籍的利润而有利于优秀作品时，坏处在哪里呢？一些人由于欺骗社会而无限地发财致富，另一些人由于为社会服务而处于贫困的境地，难道社会可以容忍这种情形吗？这是公允的吗？在国内发生这种可耻的现象，难道这个国家不是走向深渊了吗？是的，我们所建议制度的必然结果，就是会减少把思想作品作为一种行业和货物的那些人的人数和他们的利润。但是这个结果不但不能用来攻击这个制度，反而是一种有利于这个制度的论据。

我们预料到另外一种反对意见。有人会反对我们，说我们这种学说有使国家成为思想产物的最高判断者的危险。但是只要对这个问题稍加思索，人们就可以完全放心了。我再说一遍，国家将是社会书店的立法者而不是经理。规章一经订立，国家就将像它监督禁止攀登房屋或禁止杀害行人的法令的施行那样，来监督这个规章的执行。国家的干预就以此为限。这种干预有什么包办和横暴可言呢？至于国家奖金，并不是由执政者而是由优秀分子作为代表的社会本身来颁发的，社会把这些人选了出来，就是为了使他们成为社会的化身，并且作为社会的缩影。是不是你们要说，谁能担保那些候选人的指定者是大公无私和正直的呢？为了回答你们这个问题，我可以向你们说出这句话：那就是为了他们自己的利害关系。我姑且假设，在科学著作的鉴定中，会议可能选出一个无知的人来加以领导，但这个假设未免太过分了。难道这个无知的人会接受这样的任务吗？他会高兴让大家来讥笑他吗？假若你用一个堕落的人来代替一个无知的人，那么，他需要多么大的胆量和无耻来向从未压在一个人身上的最沉重的道德责任挑战呢？但愿人们注意到这一点：这里谈的并不是一个由一些人所组成的禁止旁听的科学院的讨论会议，在这些人中间，责任是不分明的而且是暂时的。在这里，责任是由个人担负的，是指定谁担负的；必须全部拒绝或全部接受这个责任。还有，一切都是公开进行的，一切都是众目昭彰的。

人们要在自己国家面前，在全世界面前，在所有的舞台中最崇高的舞台上来表示自己的态度。评判人有整年的工夫来作出他的判断。当他表示这一判断时，也许批评家早已谈过了，所有明智人士的意见都已经被人知道了。这些是多大的保证啊！更不必说通过会议讨论而选出人选这一保证了。因为不管人们对这些从事讨论的会议有怎样的不信任，人们至少在一点上会和我们的意见一致，这就是在有些问题面前朋党思想是无能为力的。

其次，说这个制度会发生错误，这种反对意见是完全没有价值的。不是对任何机构都能这样说吗？一个社会是否因为立法者难免有些错误就不要法令了呢？难道因为法院关于一个公民的财产、自由和生命作出了一次错误的判决，你们就要推翻你们的那些法庭吗？只要有一些人受智力的错误的支配和内心的各种情欲的蒙蔽，那么一切制度就都会是不完善的。有些人认为，实现他们的理想是一种效果迅速的万灵药，这些人就是一些必须加以提防的江湖派，不然就是一些必须加以怜悯的幻想者。如果一种制度是善意的产物，就应当善意地审查它，也就是说，不要去研究这一制度是否完美无缺，而是要研究它带来的优点的总和是否超过它所带来的缺点的总和。

我们的制度并不包括戏剧文学，因为戏剧是政府直接掌握的手段，所从对于戏剧文学应该规定一些特殊的规章。这是以后研究工作的主题。

我们丝毫没有隐瞒我们的思想。我们的爽直如果得罪了一些人，那也是没有办法的事，但是作为公民，我们有责任去反对那些导致著作变质和使作家堕落的学说。

德·拉马尔丁先生在他的报告里说道："我们对那些人士的文化遗产，长期以来任人浪费，应该对他们感到多么歉疚呢？整个民族在历史上也只有五六个永垂不朽的名字。在我们的记忆里，诗人、哲学家、演说家、历史学家、艺术家，仍然是几个世纪和整个民族的光辉缩影。

"蒙台涅以怀疑的态度来处理那些思想，并且用现代的文体使这些思想重新流行起来。帕斯卡尔探索了思想，不仅探索到怀疑为止，而且一直探索到上帝。博胥埃[①]吐露出人类磅礴的言语，自从上帝在西奈伊[②]颁布十诫以来，人类尚未听过这样的言语。拉辛、莫里哀、高乃依、伏尔泰，他们找到了并且记录了人类心灵的所有呼声。孟德斯鸠[③]仔细研究了帝国的组织，首创对社会分析批判，并阐述了政治体制；卢梭热爱政治，费讷龙使政治神圣化，米腊博[④]使政治具体化并在讲坛上加以宣扬。从那天起，发现了合理的政权，公众的理智有了它自己的合法机构，而自由则沿着思想的步伐在讨论的指示下向前迈进。法国的风俗、文明、财富、势力和政治都应当归功于这些人；而我们的孩子们也许应该把一切都归功于这些人的后继者。法国永恒的和取之不尽的财产就是它的智慧；既然法国把它的智慧慷慨地给了人类，给自己保留了智慧的光荣，这就使它在所有民族中具有光荣的特征，现在岂不是时刻已经到来，应该把这个有用的部分、即造成著作的尊严、作家的独立地位、家庭的财产和国家的报酬这一部分变为私人财产吗？”

啊！先生呀，当你用你的笔写出这些字句来的时候，你的心灵中是否有一种声音在低声地警告你，说你已经误入迷途了呢？当

---

① 雅克·伯尼涅·博胥埃(1627—1704)，法国教会演讲家。——译者

② 西奈伊，亚洲西部的半岛，位于红海两海湾之间。地势大部分是高原。据圣经记载，上帝曾在雷轰电闪和密云中在西奈伊山颁发十诫(见《旧约》《出埃及记》第十九章)。——译者

③ 孟德斯鸠(1689—1755)，法国资产阶级哲学家及法律学者，著有《论法的精神》。——译者

④ 翁诺尔·加布里耶·里克蒂·米腊博(1749—1791)，十八世纪法国大革命时期的有名的活动家。大资产阶级和自由贵族的领导人物之一。——译者

你估计天才的重要性时，你却使他们成为半神化的人；当你规定他们的命运时，你却使他们成为新奇杂货的贩卖者了！你的赞扬把他们高捧上天，但你的学说却把他们抛入深渊。你的才能辜负了你，先生，你不用自我辩解，你的雄辩本身就谴责了你的结论，除了用你的宏论之外，我不必用别的证明来反驳你。是的，当一个诗人借这么多的光荣和伟大的人物来支持这样可怜的利益时，他对他自己不可能是完全真诚的。是的，这是不可能的！先生，我相信我已经猜到了：如果你是富有而没有孩子的人，那你就不免会认为你是替那些作家和他们的继承人要求发财致富的权利，并不是为自己的利益提出要求。如果你是贫穷的，那么你绝不会要求以小钱来作为作家的报酬。如果你是一家之主，你也许以为你的继承人只要继承你的名望就已经够了。你自己欺骗了自己；你在对其命运作出安排的这个问题上，你已经扮演了一个第三者的欺骗角色。

被拉马尔丁这样伟大的诗人、这样思想高超的人所提倡的对于工业主义的信仰，绝不是今天正在腐蚀着社会的那个祸害的较轻的可悲症状之一，工业主义就是这样逐渐地在贬低人们的地位和心灵，它无孔不入，它使人成为奴隶；它像那个试探耶稣的魔鬼那样敢于对诗人本人说，“你是否向我跪拜”，而这位诗人就跪下了！好吧！只要我们还活着有一口气，即使我们的声音会在一切骚动的贪欲所发出的嘈杂声中消失，我们还是要攻击这些堕落的倾向。我们要求大公无私的精神仍被保留在重要品德之中；我们要求名誉、光荣和尽责的那种满足感始终成为人类活动的目的和奖赏；我们要求不要使人们贫乏到这样的地步，以至他们除了爱好金钱之外不再有别的动机。而对于那些不知道作家应有高尚灵魂的人，我们要重提一下卢梭所说的高尚言论[①]：

“不，不，我可以既真实而又骄傲地这样说；在我一生的任何时刻里，使我高兴或使我伤心的既不是名利也不是贫穷。在这一不规则的和由于生活波动而值得回忆的生活过程中，我经常没有住处也没有面包，但我总是以同样的心情来对待富裕和贫困。在需要时，我可以像别人一样去行乞或盗窃，但是，即使我落到那种地步，我也不会感到烦恼。我从未因为贫穷或惧怕陷于贫穷而唉声叹气或者流泪。在命运的考验中，我的灵魂倘不通过命运的磨折是不会懂得真正的善和真正的恶的；而只有在我毫不缺乏生活所需的时候，我才觉得我是人类中最不幸的人。”

① 见《忏悔录》，第一卷，第 134—135 页。

附录　从现在起就可以试办的事项

在大家刚才读的篇幅里，我们已经说明了作为一个人民之友和从人民的选票中产生出来的政府所应当遵循的步骤，以逐渐实现一种公平和健全的劳动组织。因而，提出的计划是以完成一次政治革命作为达到社会革命的方法为前提的。

但是我们所期待的时刻的到来可能还很遥远，到了那个时候，国家就只不过是人民的生动的化身了。并且，在等待期间，在那已经成为一个真正的角斗场的劳动领域内，该有多少纷扰、多少痛苦、多少贫困啊！

此外，我们不是也曾听到这样的呼声：在可以进行一次政治革命以前，难道为了工人就没有任何可以试办的事情了吗？

这绝不是我们的意见！毫无疑义，不应当信任局部的奋斗所产生的力量；但是我们并不劝告人民在不幸和痛苦之中坐以待毙。

可是要当心那些鲁莽的或者错误的尝试！要当心那些尝试，因为它们在本质上或者在所要达到的最后目的上是欺人的，或者是足以危害社团原则并使社团原则失掉威信的！

最近，在可尊敬的感情启发之下，有些民主党的著名人士集会讨论这个重要的和振奋人心的劳动组织问题。研究我们通过什么样的实际方法能在目前情况下实现我们大家都能同意的社团原则。

获得选票最多的一个政党同意组成一个信贷社团，由这个社团来主持各种工人社团的产生，供给它们劳动工具，给它们指定一个方向，但在这些社团之间仍旧保留着竞争，并且并不要求它们建立一种集体资本作为它们生存的基础，这个资本可能会无限制地增加，但毕竟是不许可转让的。

对于我们来说，这种计划我们是不能附和的：

1）因为，如果工人社团不自行规定要通过一种集体的和不可转让的资本而无限地扩张的法规，它的利益就会和无产阶级群众的利益有所不同，而无产阶级只有把自己看成一家人才能得到解放；

2）因为，帮助某些工人在他们之间组成一个个别的和有限制的社团，这就是在工人之间形成一些特权者，并在一切都应当趋于统一的地方造成一些区别；

3）因为，只要还存在竞争——仇恨、嫉妒、舞弊和灾难的泉源——工人的伟大而普遍的解放就永远不能实现；

4）因为，在竞争的情况下，给某些人增加力量就是给另一些人增加虚弱。因此，倘若竞争有计划地坚持下去，那么，给予一个个别社团的一切支持，对于被排斥在该社团之外的那些人就会造成不幸。

总起来说，问题在哪里呢？在实际上逐步达到自由、平等、博爱这一信条的实现吗？那么就必须把矛头指向竞争。因为：

有竞争就没有自由，因为竞争阻止弱者发展他们的能力，并使他们成为强者的战利品。

有竞争就没有平等，因为竞争不过就是不平等本身的行动表现。

有竞争就没有博爱，因为竞争是一场战斗。

肯定地说，这个杀人的原则是不能一下子立刻就被摧毁的。但是，为了彻底地和合情合理地摧毁这一原则，就必须尝试以解放劳动者为目的的整套制度。

以下就是我们所要建议的。

在社会民主党内组成一个委员会。

为了无产阶级的解放，这一委员会要举行一种像在最近几年内所举行的募捐，这些募捐或者是为了抗议国家尊严的受损，或者是为了对某一个有德行的公民举行隆重的纪念，或者是为了援助一个和我们保持友好关系的被压迫民族。

以这种方法收集的基金交由一个工人社团来支配，自然，这个社团只能算是普遍建立的劳工社团的第一个核心。这个社团应包括几种不同的工业，并且应该建立在某些基础之上，下列各条就是这些基础中的主要项目。

规　　约[①]

第一条　应把入社的工人分成两个家庭，每个家庭由人数相等的成员组成。

工人人数增加时，家庭的数目亦将按比例增加。

应该尽可能选择居住在同一市区的成员来组成一个家庭。

第二条　工人全体大会任命一个可以罢免的中央行政委员会，它的特殊任务是寻找工作、和第三者接洽、在我们以后要谈到的家庭委员会之间分配应当做的工作和应当给予的工价，要做到使每个家庭按照严格的比例，可以得到数字相等的劳动时间和同样的报酬。

第三条　在每个家庭中组成一个委员会，定名为家庭委员会，这个委员会的成员由家庭选出并在必要时可以罢免。

该委员会的任务是在家庭的各个成员之间分派属于该家庭方面的工作和工资。另外，该委员会的成员还有检查工作和监督每

---

① 也许有人将提出反对的意见说，我们在这里规定其基础的方案不能完全符合商业公司的组织法。

可以肯定的是，到目前为止，那些法律是为了“资本的社团”而制定的；而不是为了“人力与感情的社团”而制定的。

然而，经过对法典的仔细研究，并根据几位著名法学家的意见，我们可以确定上述的规约是可以和“合资公司”的形式相适应的。

个人完成其工作的使命。

第四条　每个家庭从自己的成员中选出一人，专门负责清查账目和审查中央行政委员会或专门委员会所进行的业务。

第五条　每个工人从总的劳动工价中按照每劳动八小时五个法郎的标准领取工资。

超过这个数字的利润，作为公共基金，其用途指定于后。

第六条　年终时，应编制一份社团状况的正确说明书。为此，要编制一份存欠总清单。如果尚有余额，则应分为两份，其中一份按照人数平均分配给社员，另一份成为集体的资本，这个资本不许出让，并且指定用于因人们相继加入而日益扩大的社团。关于加入社团的事项将在后面叙述。

第七条　任何残废或患病的社团成员，经证明属实者，有权得到和他健康时相同的工资和同样的利益。

第八条　如果工人自愿退社或因行为不检而勒令出社，对于退出社团的工人只付给尚未支付的劳动工资。

第九条　缔约人承认每个人都有劳动的权利，承认任何带有排外性质的社团都是破坏博爱学说的，因此他们以最郑重的态度约定，在社团的状况并非绝对不允许接受工人入社时，凡有志入社而愿意服从社章的工人，在完全平等的条件下，都可以被接受为社员，但该工人必须属于一种行业，并提出证明文件。

第十条　为了对此作出决定，应由全体缔约人选出委员七人，组成评判委员会。

第十一条　缔约人承认宁愿减少收入，不让工人弟兄生活发生困难。所以工人评判委员会在决定接受工人入社时应根据的原则是：垄断劳动是违反人道的罪行。

第十二条　缔约人从现在起就像以上所说的那样被分成两个家庭，这两个家庭的人数可以随着新社员的不断增添而增加到各为一百人为止，在这个时候，就可宣告满额。有新社员加入时，他们将被平均分配到已经成立的两个家庭中去，直到各满一百名为止。此后，他们就可以组成一个新的家庭，依此类推。

第十三条　工人评判委员会由缔约人选出，作为仲裁法庭，并以此身份判断缔约人之间可能发生的争执。委员会有权决定退休原因是否合法或疾病是否确实；有权根据检查员的报告，宣布将那些公认为懒惰的工人开除出社。最后，它有权在经过公开辩论之后，宣布罢免那些确应罢免的委员会成员，而这种罢免则应按照仲裁法庭在审判时所遵循的形式宣布。

第十四条　不论是委员会的成员或评判委员会的委员，每年均需重新选举或决定连任。

阿格里科耳·佩迪吉埃的来信和章程草案

当我们忙于校订目前的版本的时候，我们收到了一位工人作家阿格里科耳·佩迪吉埃[①]先生的来信和草案，他是以《论同业公会》的著作而知名的。下面就是来信和草案。

我们迫不及待地把阿格里科耳·佩迪吉埃先生提出的草案印出来，让我们的读者尽快看到。我们和他一样，确信在这里所讨论的问题是一切善良的公民都应当留意的问题：

“路易·勃朗先生，

“我得悉你正在准备为你的《劳动组织》这一著作刊印新版。这个问题非常重要，每一个人都应该对此关心，因此我试图起草一个社团方案，并将这个草案寄给你；如果你认为能够使你的读者们感到高兴，我请求你把它在你的读者面前公布。

“谨致敬意！

“阿格里科耳·佩迪吉埃。”

1847年3月18日于巴黎。

① 阿格里科耳·佩迪吉埃(1805—1875)，法国政治活动家。——译者

章程的草案

第一条　如果工人们自相联合,筹集基金,终于集成一笔社会资金,以便经营任何一种工业,那么应由全体社员委任他们的经理和社团的全部领导人员。

第二条　如果一些富人——我们阶级的朋友——具有远见,愿意协助我们组成一个工人社团,他们可以选择一个能够提供最大道德保证和最有成功希望的社团;他们可以慷慨大方地以最低的利息来垫付大量的资金,这样,社团就可宣告成立。

第三条　具有善良愿望的人为了试行某种新的工业制度,可以在勤劳的、智慧的、有道德的并爱好博爱的工人中去选择自己的合伙人。社团将成立一个有委员若干人的委员会,通过规章,并且可以规定社团的期限为三十年。

第四条　社团既然需要进行工作,运用它本身的能力,并依靠经验和实践来每日进行自我教育,它首先将只举办一种工业:如果认为妥当的话,可以先创办一个家具工场或木器工场。

第五条　在这第一个工人组合之外,委员会和它的经理在认为已有可能时,就应该成立不同职业的新的组合。

第六条　在木器工业小组之外,人们可以成立金属器具制作工业小组、车工小组、木匠小组、泥瓦工小组、制鞋工小组等等。

第七条　每个小组设工作组组长一人,经该小组同意后,由委员会指派。

第八条　经理及工作小组长的工资按月或按日计算;待遇应按合理的条例来加以确定;所有其他的工人,则应视当时的情况或工业性质的需要而按件计工或按日计工。不论是按件或按日计算,工价既不得高于私人工厂中的工价,也不得低于这个工价。

第九条　每个小组均应选出代表一人参加管理委员会,该代表系由小组自由选出,并能由小组加以罢免。这些代表的任务是了解和监督社团的业务;代表由本组工作领导人或其他由小组推选的委员充当。

第十条　所有的小组都是有联系的;它们一起组成一个统一的社团,管理委员会是该社团的主脑,而各个小组则构成它的躯体与四肢。

第十一条　各小组的委员会从管理委员会那里领取经费,并和管理委员会保持紧密的关系。

第十二条　管理委员会由委员五人组成:经理、副经理、秘书、助理秘书和小组检查员。

第十三条　各小组委员会同样亦由六个委员组成:小组代表、工作领导人及其他四位委员。小组代表和工作领导人有时可能是同一个人,但应作出安排,使每一委员会均由六名委员组成。

第十四条　应备有记载正确的簿册,在管理委员会的账目中和各小组的业务中均应保持秩序及明确性。

第十五条　每年年终收支应达到平衡,把盈余总额分为四份:第一份几乎总是不能和其他各份相等的,这一份用来支付社团贷款的利息及社团所发行的股票的利息;第二份充作社员的救济金;第三份作为社团基金和偿还资金的基金,其目的在于使社团能随着时间的进展而成为它的资本的绝对所有者;第四份平均分配给全体社员。

第十六条　如果某一小组遭受损失，在年终有所亏损，社团应予救济，在这种情况下，并不妨碍该小组分享盈余总额。

第十七条　如果同一小组并无特殊原因而连续几年成为社团的负担，同时该小组成员所得的平均工资又至少不低于其他小组的社员的平均工资，管理委员会在小组代表的共同协助下，应考虑该小组的问题，或者更换它的领导，或者取消它应得的利润，或者采取其他一切方法。

第十八条　所有各小组的成员是由利害关系和友爱精神联系着的。家具制作工人要穿制鞋工人所制的鞋子，而制鞋工人要用家具制作工人所制造的家具。每个小组均成为其他小组的顾客，并且利用自己的影响使其他小组得到工作；因为所有的人都使每个人得到利益，而每一个人都能在全体的利益中得到好处。

第十九条　社团成员的住宅应尽可能靠近公共工场。

第二十条　管理委员会除购买工作本身所需的材料以外，对于生活上不可缺少的食物及饮料，诸如菜蔬、水果、酒等等，可以成批购买，并按成本价格向每个社员供给他所必需的消费品。此类物品的价款应从社员每星期的工资中扣除。

第二十一条　如果劳动和节约产生了盈余，如果每个成员都能积蓄一定数额的款项，他可以把这笔款项存入社团，社团可为此而发给股票。存款的利息不得超过百分之五。

第二十二条　任何成员有退社的自由。如果他持有股票，则应向他收回，至于他的股款则应全部偿付；从此以后他就不再能享受救济和由全体会员的劳动所得来的社团基金的一切权利。

第二十三条　社团可以时常接纳新社员，或者为了补充退社的成员的缺额,或者为了扩大社员的行列。新入社的成员,由于他为全体的利益只工作了几个月,在他第一次分享利润时,仅能得到他按理应得的部分。

第二十四条　如果社团和某一个小组的工作发生清淡情况,如果人手空闲下来,那么新社员或在别处容易找到工作的社员可以暂时退出公共工场。他们将不能再向社团领取工资,但他们仍能享受友爱的救济和领取利润的权利,因为他们在社团通知他们回去的时候,应当随时回到社团中去工作。

第二十五条　如果不仅是一个小组,而且是该小组所从事的行业发生工作清淡的情况,并且空闲的成员不可能在任何地方找到工作,那么,小组就应缩短全体成员的工作时间,以便使这种清淡情况因为由全体成员以友爱的精神分担起来而得到减轻;这样,在这种例外的情况下,任何成员都不必离开公共工场。在经过正式的讨论之后,对于生活最感困难的社员甚至可以动用救济基金给予帮助。

第二十六条　每个社员都有退社的自由。根据同样理由,并且为了使权利具有相互的性质,管理委员会在取得小组代表以及工作领导人的一致同意之后,可以把不履行社团的道德原则和友爱原则的社员开除出社。

第二十七条　社员按件或按照劳动日领取工资,每个人是按照他的体力和才能而得到工资的;只有在每年的盈余总额中每个人才能分得相等的一份。然而,如果一定数目的社员根据与上述原则有所不同的原则而不愿有一些人比另外的一些人得到较多的收入,那么,就可以把他们的工资总额交给他们,由他们按照自己的意愿进行分配;或者由管理委员会和小组长们按照那些愿意这样做的社员的希望去进行这种分配,以便使他们每人都得到相等的一份。

第二十八条　当社团有了办法的时候,对于那些在为社团的劳动中出过力的或是损伤了自己体力的老年人和残废者,应该通过表决给予养老金。另外,当管理委员会和小组代表决定这样做的时候,曾经为社团服务的已故社员的妻子或孩子、父亲或母亲,都可以得到一笔抚恤金。在对这个问题作出决议时,人们不仅应当注意到死者所尽的力量,而且同时也要注意到死者的亲属的情况和是否真正需要。

第二十九条　应当开办基本的和专业的课程。其细则另由专条加以规定(我们也要谈一谈如何能在各省设立办事处,以便社员迁移或旅行到别的城市而不和他的社团断绝关系,并且可以不断为社团工作。然而,如果这样做会发生困难,或者似乎会给社团一种过分包办性的特征,我们就不必谈它,因为,我们仅仅愿意尝试做一些可能做到的和我们认为是好的事情)。

第三十条　各委员会每七天应召集成员开会一次,管理委员会和小组代表每月应开会一次。各委员会的成员每隔三个月要到管理委员会去开会一次。每年年终举行一次全体会议,并在会议期间,在分配利润之后,为了求得全体社员在精神、情绪和道德上趋于一致,要举行一次家庭庆祝会。

第三十一条　社团的存在期限定为三十年,但在一些不可预料的情况下得提前解散。然而,如果环境有利,而将来的法律又许可的话,那么社团也可以超过原定期限而延长它的存在。

第三十二条　在社团解散时，最先有权得到补偿的是股东和出资人。社会基金的余额则将在一切社员中按照他们为社团的利益而劳动的年限进行分配，所以有的人可以获得多些，有的人获得少些。

第三十三条　本规章的各条款绝非丝毫不能修改。管理委员会和代表有权修改它的条款，有关出资人的条款则不在此例。对这类条款，若不取得出资人的同意，不得更改。

第三十四条　每一项条款必须经管理委员会的委员和小组代表四分之三的多数的同意才能增加、删改或变更。

人名对照表

三　画

马尔萨斯(Malthus)
马萨尼埃洛(Masaniello)

四　画

丹敦(Danton)
瓦尔都(Wardour)
韦尔斯利(Wellesley)
韦尼奥(Vergniauol)
孔西代朗,维克多(Considérant,Victor)
牛顿(Newton)
比西-腊比坦(Bussy-Rabutin)
贝尔维(Berville)
贝朗瑞(Béranger)
贝德福德(Bedfort)

五　画

卢梭,让-雅克(Rousseau,Jean-Jacques)
圣-茹斯特(Saint-Just)
圣保罗(Saint Paul)
圣西门(Saint-Simon)
布蓝托姆(Brantôme)
布勒曼(Poulmann)
加斯帕蓝(Gasparin)
弗纳龙(Fénelon)
弗勒里(Fleury)
布克利(Boucly)
布隆,葛丽娜-安奈特(Bronn,Cœlina-Annette)
布瓦埃,阿道夫(Boyer,Adolphe)
布尔维(Bulwer)
皮洛士(Pyrrhus)
皮尔,罗伯特(Peel,Robert)
史谷脱,瓦尔特(Scott Walter)
弗莱吉埃(Fregier)
弗兰西亚(Francia)
尼罗(Néron)
尼科尔(Nicale)
加雷尔(Galère)
卡韦尼亚克(Cavaignac)
卡尔内(Carné)
古尔贝(Courbé)
代马莱(Desmarets)

六　画

西斯蒙第(Sismondi)
米内尔符(Minerve)
米腊博(Mirabeau)
吉斯特费尔德(Chesterfield)
伏尔泰(Voltaire)
毕莱(Buret)

七　画

克敏斯(Cumins)
杜班，查理(Dupin，Charles)
杜布瓦(Dubois)
庇特，威廉(Pitt，William)
李嘉图(Ricardo)
麦逊(Méthuen)
狄德罗(Diderot)
伽克里奥斯特洛(Cagliostro)
伽利略(Galil e)
杜梅里，埃德赖斯当(Dumérie，Edelestand)
阿贝尔(Hébert)
阿尔比克尔克(Albuguerque)
肖博勒(Chambolle)

八　画

拉斯奈尔(Lacenaire)
拉梅耐(Lamennais)
拉克勒泰尔(Lacretelle)
拉辛(Racine)
拉·卡尔普勒内德(La Calprenéde)
拉·赛勒(La Serre)
拉普拉斯(Laplace)
罗伯斯比尔(Robespierre)
罗特希尔德(Rothschild)
林德赫斯特(Lyndhurst)
孟德斯鸠(Montesquieu)
帕默斯通(Palmoston)
佩迪吉埃·阿格里科耳(Perdiguier，Agricol)
波尔塔利斯(Portalis)
苏拉维(Soulavie)
帕斯卡尔(Pascal)
舍伐利埃，米歇尔(Chevalier，Michel)
杰克逊(Jackson)

九　画

勃朗，路易(Blanc，Louis)
查理第七(Charles VII)
律比雄(Rubichon)
洛蓝(Lorain)

十　画

格拉古斯，蒂伯里尤斯(Gracchus，Tiberius)
格林(Grimm)
拿破仑(Napoléon)
莫里哀(Molière)
荷马(Hom re)

十一画

勒德律-洛兰(Ledru - Rollin)
勒特利埃(Letellier)
盖潘(Guepin)
雪弗鲁依(Chevreuil)
梯也尔(Thiers)
基佐(Guizot)
笛卡尔(Descartes)
梅雷(Mairet)
菲德列(Frédéric)
萨伊(Say)
维纳斯(Vénus)
维累梅(Villermé)
维斯特敏斯特(Westminster)

十二画

斯密(Smith)
惠灵顿(Wellington)
傅立叶(Fourier)
博胥埃(Bossuet)

舒瓦瑟耳(Choiseul)
喀德林(Catherine)
蒂培尔(Tib re)

十三画

路易十一(Louis XI)
路德，马丁(Luther，Matin)
新西纳图斯(Cincinatus)
雷纳耳(Raynal)
蓬帕杜尔(Pompadour)
福歇，里昂(Faucher，Lèon)

十四画

蒙泰(monteil)
蒙台涅(Montaigne)

十五画

德·奥赛(D'Haussez)
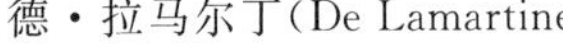
德·拉马尔丁(De Lamartine)
德·盖朗日尔，勒干(De Kérangel，Leguen)
德·伽马，瓦斯哥(De Gama，Vasco)
德·巴尔扎克(De Balzac)
德·拉土舍，亨利(De Latouche，Henri)
德·蒙莫朗西(De Montmorency)
德·薩德(De Sade)
黎塞留(Richelieu)

十六画

霍尔巴赫(Holbach)
穆罕默德-阿里(Méhémet - Ali)

图书在版编目(CIP)数据

劳动组织/(法)路易·勃朗著;何钦译.—北京:商务印书馆,2017
(汉译世界学术名著丛书:120年纪念版:珍藏本)
ISBN 978-7-100-14390-5

Ⅰ.①劳… Ⅱ.①路… ②何… Ⅲ.①空想社会主义 Ⅳ.①D091.6

中国版本图书馆CIP数据核字(2017)第152368号

汉译世界学术名著丛书
(120年纪念版·珍藏本)
劳动组织
〔法〕路易·勃朗 著
何 钦 译

商 务 印 书 馆 出 版
(北京王府井大街36号 邮政编码100710)
商 务 印 书 馆 发 行
北京新华印刷有限公司印刷
ISBN 978-7-100-14390-5

2017年12月第1版 开本 710×1000 1/16
2017年12月北京第1次印刷 印张 14½
定价:75.00元